이충구의
포니 오디세이
PONY ODYSSEY

추천사

저자는 고등학교와 대학교를 같이 다닌 나의 오랜 친구이다. 저자는 수송장교 출신으로 군 제대 후 현대자동차에서 평생을 근무했고, 병기장교 출신인 나는 대학교수로 재직하며 주로 기초 이론과 응용연구를 했다.

대학 총장을 지내던 2006년 서울대학교, 한국공학한림원, 매일경제가 공동으로 선정하는 '한국을 일으킨 엔지니어 60인' 행사에서 "이분들은 한국이 아시아의 가난한 나라에서 세계 10위권의 경제 강국으로 도약하는 과정에 산업을 구축하고 해외시장을 개척하는 데 핵심적인 역할을 한 신화 창조의 주역"이라고 축사를 한 바 있다. 그 중 한 사람이 바로 한국의 자동차 산업을 세계에 우뚝 서게 한 이충구 현대자동차 전 사장이다.

이 책은 우리나라가 최초로 독자 개발한 자동차 포니가 정주영 회장의 장대한 희망과 집념, 그리고 이충구 엔지니어를 위시한 기술진의 혜안과 피나는 노력을 통해 어떻게 탄생하게 되었는지를 생생하게 보여주는 장편 서사시이자 자동차 발달사이다. 현대자동차가 독자적으로 포니를 개발하면서 최고의 카로체리아를 이끌던 이탈리아의 조르제토 주지아로에게 포니 설계를 맡긴 것, 미국 포드자동차 조립생산을 통해 대량생산 기술을 익힌 것, 그리고 우리보다 앞서 엔진·변속기·섀시 시스템 기술을 축적해온 일본의 미쓰비시 자동차와 국제협력으로 개발한 것은 매우 탁월한 결정이었다. 마치 애플의 스티브 잡스가 세계의 여러 기업과 기술을 융합해 아이폰을 개발했듯이 현대차 경영진과 엔지니어들이 글로벌 협력과 창의력으로 처음 개발한 2만 개 부품의 자동차를 세계에 수출하는 쾌거를 이룬 것이다.

포니 탄생 이후에도 현대자동차는 일본, 미국, 독일 등과의 경쟁과 견제 속에서 현명한 국제협력을 이루어 세계적으로 호평을 받는 자동차들을 연이어 개발했다. 이제 정주영 회장과 정몽구 회장의 뒤를 이어 정의선 회장이 이끄는 현대차그룹이 첨단 전기차, 수소전기차와 자율주행차 모델들을 선두에서 선보일 만큼 세계정상급에 오른 모습을 접하면서, 깊은 감동과 함께 우리 민족에 대한 무한한 자긍심을 갖지 않을 수 없다.

고객을 사로잡는 뛰어난 제품을 디자인하려면 논리적, 예술적 그리고 혁신적 능력이 있어야 한다. 가성비와 승차감이 높은 자동차를 개발하려면 뛰어난 전문 지식이 필요하다. 심미성이 높은 자동차 형상, 품격이 느껴지는 내부 인테리어를 위해서는 탁월한 예술적 감각과 인문학적 소양이 필요하다. 기술 혁명이 불연속적으로 일어나는 현 시대에는 혁신가적 능력도 있어야 한다.

"나의 하루는 지치지 않는 호기심으로 가득하다. 사진, 악기, 외국어, 스포츠, 트레킹 등"이라고 말하는 이충구 사장이야말로 위의 세 가지 요소를 두루 갖춘 엔지니어라 할 수 있다.

역사는 "이것을 알라"는 뜻의 고대 그리스어 'histo'에서 왔다고 한다. "안다"에는 "보았다"라는 의미도 있다고 한다. 역사는 본 대로, 아는 대로, 사실에 기초해야 오랜 기간 지식의 보고로 남는다. 객관성과 세밀함에서 타의 추종을 불허하는 이충구 사장의 상세한 기록 덕분에 우리는 우리나라 근대 산업발전의 자랑스러운 역사를 더욱 흥미진진하게 들여다 볼 수 있게 되었다.

정주영 회장, 정세영 회장, 정몽구 회장 그리고 이충구 사장에 이르기까지 한국의 자동차산업을 일으킨 영웅들의 희망과 지혜와 용기를 담고 있는 이 장대한 서사시는 산업발전을 직접 목도한 기성세대는 물론 미래의 대한민국을 책임질 젊은이들을 위해서도 훌륭한 교양서가 될 것이다.

대한민국학술원 회장
이 장 무

추천사

　인간의 성장과정은 예외가 없다. 천진난만한 생각에 마냥 즐겁다가, 무엇을 해야 할지 혼란스럽고, 자기 정체성을 찾아 좌충우돌하는 때를 겪는다. 그러다 어느 순간 사명과 일에 몸을 던지지만, 시시때때로 예상하지 못한 장벽에 가로막혀 좌절하고, 다시 일어서는 과정을 반복한다. 만년에 이르러 되돌아 볼 때면 가당치 않게 그 길을 어찌 걸었을까 싶다.

　이충구 전 현대자동차 사장의 인생을 요약한 이 역작을 보노라면 한 엔지니어가 밟아온 성장의 고통과 기쁨, 좌절과 환희가 마치 한편의 영화처럼 보인다. 그가 겪은 시대의 장면들에는 황무지 같던 한국이 선진국에 이르기까지 숨가쁘게 내달린 그 궤적이 그대로 투영되어 있다.

그의 뒤에 선 엔지니어들에게는 더 큰 과제가 놓여 있다. 길 없는 길, 발자국 없는 눈밭에서 그와 다른 방식으로 새로운 발걸음을 내딛어야 한다. 그럼에도 불구하고 저자가 책의 마지막에 실은 엔지니어로서의 치열한 자세는 여전히 변함없이 계속될 것이다.

서울대학교 교수
이 정 동

멀고 험한 여정의 수호천사가 되어준 아내 김옥영과
두 딸 미정, 민아에게 이 책을 바칩니다.

프롤로그

끝나지 않은 포니의 여정

Ad Astra Per Aspera(진흙탕을 헤치고 별까지).

가난, 전쟁, 분단, 보잘것없는 기술과 빈한한 천연자원까지, 가진 거라곤 결핍이 전부였던 대한민국의 자동차산업이 오늘날 거두고 있는 성공을 표현하기에 이보다 더 좋은 문장은 없을 듯하다. 한국 자동차 산업의 성장 과정은 폐허 위에서 불과 반세기 만에 세계적인 경제 대국으로 성장하며 한강의 기적으로 불리게 된 우리나라의 역동적인 현대사와도 정확히 궤를 함께 하고 있다.

한국 자동차 산업의 경이로운 성장사는 1960년대 말, 비만 오면 비포장도로가 진창으로 변하던 울산만 매립지의 한 공장에서부터 시작된다. 이곳에서 고작 하루 두세 대의 외국산 자동차를 조립하던 소수의 엔지니어들은 고유모델 개발이란 불가능해 보이는 임무와 함께 난생 처음 비행기에 몸을 실었다. 그리고 유럽의 선진적인 문명 속에서 비로소 과학과 기술, 예술과 인문의 결정체인 자동차의 본질에 눈뜨게 된다.

말도 잘 통하지 않는 가운데 밤마다 사전을 뒤적이며 어깨 너머 보고 배우기를 일 년여. 설계도 몇 장과 빼곡한 노트 한 권을 안고 부푼 가슴으로 귀향길에 오른 그들을 기다리는 건 별반 달라진 게 없는 고국의 현실이었다. 하지만 자신감과 열정으로 가득했던 그들의 잠재력은 불모지나 다름없던 한국의 자동차 기술과 산업 환경에 서서히 기름을 부었다.

자동차를 생산하려면 무엇부터 해야 하는지도 몰랐던 좌충우돌 속에서도 그들의 손에서 우리나라 최초의 고유모델 포니가 탄생했고 스텔라, 포니 엑셀, 쏘나타, 그랜저, 엑센트, 아반떼, 에쿠스, 아토스, 싼타페가 뒤를 이었다. 그 사이 무명이나 다름없던 한국의 자동차 산업은 어느새 독일, 일본, 미국과 어깨를 나란히 하는 세계시장의 빅네임으로 폭풍 성장을 거듭했다.

그간 국내외의 지인들로부터 책을 내달라는 요청을 많이 받았다. 특히 한국의 놀라운 경제 발전사에서도 가장 빛나는 순간으로 꼽히는 '포니 신화'의 실체를 궁금해 하는 이들이 많았다. 그를 통해 한국 자동차 산업의 폭발적인 성장 비결을 알고자 했다. 개중에는 경쟁자의 면면을 속속들이 분석하려는 의도를 달콤한 제안으로 포장하는 곳도 있었다. 아직은 적절한 때가 아니라며 모두 미뤄왔다.

혹자는 나를 대한민국 자동차 연구개발의 산 증인이라 말한다. 조롱받던 국산차의 기술력을 세계 수준으로 끌어올린 마에스트로라 일컫기도 한다. 하지만 나는 그저 기술 개발에 대한 열정과 무엇 하나 쉽게 만족 못하는 타고난 완벽주의 탓에 앞만 보고 달려온 엔지니어의 한 사람일 뿐이다.

한국 자동차 산업의 성공에서 가장 큰 지분을 차지하는 이를 꼽으려면 당연히 개인보다 기업, 나라를 먼저 생각했던 아산 정주영 회장, 그리고 그와 함께한 이들의 수많은 땀과 눈물을 이야기해야 한다. 또한 흡사 입술이 없으면 이가 시린 순망치한(脣亡齒寒)처럼 재능과 의지를 고루 갖춘 그들이 한껏 뜻을 펼칠 수 있도록 든든한 버팀목이 되어준 정세영 회장, 정몽구 회장 그리고 각 분야의 리더들을 기억해야 할 일이다.

나 또한 그런 공동체의 특별한 구심력 안에서 50년 넘게 한눈을 팔지 않을 수 있었고, 덕분에 훈포장부터 국가과학기술유공자까지 분에 넘치는 영예와 보상을 누리게 됐다. 그런 만큼 저간의 개인적인 기록과 기억들을 정리하는 것이 언젠가 또 다른 항해에 나설 이들을 위해서라도 반드시 해야 할 당연한 책무처럼 여겨졌다. 지금이 바로 그때인 듯하다.

최근 몇 년 간 내가 몸 담았던 현대자동차그룹의 새로운 수장과 후배들이 보여주고 있는 신선한 행보에 자주 가슴이 두근거렸다. 그들이 선언한 포니 헤리티지가 옛 영광을 떠올리게 해서? 물론 그게 다가 아니다. 나를 들뜨게 하는 것은 과거에 대한 오마주가 아니라 그들의 담대한 비전이다. 전기차 전용 플랫폼과 목적 기반형 모빌리티, 도심항공 모빌리티가 시공간의 제약 없이 자유롭게 연결되는 미래 사회를 남들보다 한 발 앞서 펼쳐 보이겠다는 원대한 꿈이 젊은 청년세대의 표현마냥 내 가슴을 웅장하게 한다.

말 그대로 청출어람. 선진국을 추격하던 벤치마킹의 역사를 넘어 마침내 앞장 서 길을 내는 퓨처마킹(Future Marking)의 시대로 향하는 이들을 위해 기쁜 마음으로 이 책의 준비에 들어갔다.

사람마다 조금씩 정의가 다르지만 대체적으로 지능이 '문제를 해결하는 능력'이라는 것에는 의견이 일치한다. 전에 알지 못하던 새로운 문제와 부딪혔을 때 얼마나 합리적으로 사고하고 효율적으로 해결할 수 있는지에 관한 능력이 바로 지능이라는 것이다. 또한 학자들은 지능이 많은 부분 과거의 지식과 경험에서 비롯된다고도 이야기한다. 유전적으로 타고나는 두뇌도 무시할 수 없지만 살면서 직접 혹은 간접으로 얻는 경험이 문제해결 능력을 높인다는 것이다.

전례 없는 기술패권 경쟁과 패러다임의 대전환 속에서 새로운 길을 헤쳐 나가려는 이들이 과거의 역사로부터 작은 지혜라도 구할 수 있기를 바란다. 그러려면 무엇보다 그 내용이 정직하고 가감이 없어야 한다고 생각했다. 더불어 그간 한국 자동차 산업에 대한 저술들이 거시적인 경제·산업적 관점부터 경영자들의 리더십과 비화까지 이미 상당한 만큼, 다소 전문적일지언정 엔지니어의 시선에서 지난 사실들을 있는 그대로 꼼꼼하게 복기하는 것도 의미가 있을 거라 생각했다.

한국의 자동차 산업 혹은 현대자동차그룹의 성공과 실패, 좌절과 극복에 대한 나의 회고와 성찰이 미지의 항로를 개척하며 수많은 암초와 부딪히게 될 현장의 후배들에게 문제 해결의 실마리가, 오랜 저성장 기조와 고착화되는 사회구조에 실망해 삶의 목표를 잃어가고 있는 청년들에게도 작은 영감이 될 수 있기를 희망한다.

이 책에 실린 40여 편의 이야기들은 나의 모험을 가능하게 이끌어준 전성원 부회장, 이양섭 부회장을 비롯한 현대자동차의 많은 선후배들에게 보내는 헌사이기도 하다. 특히 이 글의 정리와 오토저널 연재를 가능하게 해준 채영석 사장, 김홍엽 사장, 후배 김용진 그리고 아무도 가보지 않은 길을 함께 걸으며 끊임없이 지혜와 용기의 원천이 되어준 모든 이에게 진심으로 감사의 마음을 전한다.

당신의 새로운 항해를 응원하며
이 충 구

이충구의
포니 오디세이
PONY ODYSSEY

차례

추천사

프롤로그

끝나지 않은 포니의 여정　　　　　　11

제1막 흡입 *Intake*

신세계에서　　　　　　　　　　　　23
르네상스　　　　　　　　　　　　　28
타고난 본능　　　　　　　　　　　　33
전쟁의 역설　　　　　　　　　　　　39
정미소와 자동차　　　　　　　　　　44
회자정리　　　　　　　　　　　　　52
홀로서기　　　　　　　　　　　　　60
이대리 노트　　　　　　　　　　　　68
전설의 시작　　　　　　　　　　　　74
신화의 이면　　　　　　　　　　　　81

제2막 압축 *Compression*

초심자의 행운	95
동시다발 전략	102
신항로 개척	116
첫 번째 암초	124
극비 프로젝트 '스텔라'	132
심장을 깨우다	140
캐나다 교두보	147
X카 대회전	153
감성품질	160
D-Day	167

제3막 폭발 *Explosion*

일보전진	175
이보후퇴	181
와신상담	188
East to West	193
Y카 '쏘나타'	198
기함 건조	208
엔진 수출	215
남양만 전진기지	220
J카 프로젝트	227
회심의 승부수 '아반떼'	232
기술독립 선언	244

제4막 배기 *Exhaust*

A to Z	251
합종연횡	255
분수령	258
미스터 뚝심	263
수소제국	269
GT-5 전략	275
초신성	280
변신	287
넥스트 제너레이션	290
OLEV&E	296
자율주행	302
한국자동차공학한림원	309

에필로그

새로운 항해자들에게	315

이충구의
포니 오디세이

———— 제1막 ————

흡입

Intake

P O N Y
ODYSSEY

신세계에서

첫 걸음, 첫 입학, 첫 사랑, 첫 월급, 첫 아이….

무릇 처음은 언제나 그 강렬한 경험으로 인해 평생 잊기가 어려운 법이다. 어느덧 50년의 시간이 흐른 뒤 돌이켜보면 우리의 첫 여정이 이탈리아에서 시작된 것은 큰 행운이었다는 생각이 든다. 어쩌면 미래에 대한 일종의 암시 같은 것이었을 수도 있겠다는 생각도 든다. 그것은 한국의 자동차 산업뿐만 아니라 내게도 마찬가지였다.

1974년 2월 4일. 하루를 꼬박 넘긴 긴 일정에도 전혀 피곤을 느끼지 못했다. 그런 생각을 할 겨를조차 없었다는 게 더 정확할 것 같다. 우리나라도 이제 두 집 건너 한 집 꼴로 흑백텔레비전이 있고 아이들의 손에는 갱엿과 눈깔사탕 대신 초코파이며 투게더 같은 고급스런 간식이 들려 있는 경우가 많았다. 영화관의 대한뉴스에서는 울산, 거제의 조선소 완공과 곧 개통될 지하철 1호선 소식이 반복해서 흘러나왔다.

하지만 결혼식 때 맞춘 트렌치코트로 한껏 멋을 내고 짐짓 여유로운 척해도 긴장을 감추기는 어려웠다. 고위 관료와 외교관, 국제대회에 출전하는 운동선수, 그도 아니면 파독 광부나 탈 수 있는 줄 알았던 국제선 여객기가 김포공항 활주로 너머에서 나를 기다리고 있었다. 그것도 동경의 땅인 유럽행 비행기가 말이다.

경유지인 알래스카 공항에서부터 시작된 문화 충격은 20시간이 넘는 비행 끝에 도착한 독일 프랑크푸르트 공항에서 이미 정점으로 치달았다. 그렇게 사람들이 많은데도 들릴 듯 말 듯 속삭임만 가득할 뿐, 기묘하리만치 조용하고 차분한 공항 대합실의 분위기가 나를 압도했다.

국경을 넘고 이탈리아의 밀라노를 지나 최종 목적지인 토리노로 향하는 길. 눈 덮인 알프스 산맥과 풍요로운 전원마을, 대리석 건물이 줄지어 늘어선 도시의 풍경을 쫓느라 내 동공은 좀처럼 수축이 되지 않았다. 청계천 헌책방 외국잡지에서나 봤던 쿠페, 해치백, 트롤리버스들이 화려하게 불 밝힌 쇼윈도를 따라 끝도 없이 거리를 메웠다. 그나마 있는 차들도 검정색 일색이던 한국과 달리 각양각색의 자동차 색깔도 진기한 볼거리였다. 이탈리아는 시민들의 옷도 뭐라 특정하기 어려운 빛깔이 많았다. 원색 말고 파스텔이란 색상이 있다는 것을 그때 처음 알았다.

 미안하지만 어느 새인지 한국에서 혼자 첫 아이를 출산할 아내에 대한 걱정도 사라졌다. 대신 무엇이든 사소한 것 하나라도 놓치고 싶지 않다는 열망이 빈자리를 가득 채웠다. 양변기도 아직 익숙하지 않은데 이탈리아의 아파트에는 그 옆에 요상하게 생긴 변기 하나가 더 붙어 있었다. 함께 간 박광남 과장과 용도를 놓고 여러 말이 오갔다. 며칠 앞서 선발진으로 온 김동우 대리가 아는 척을 한다. "비데랍니다. 저도 써보진 않았어요."

 구경거리인 것은 우리도 마찬가지였다. 토리노 교외 한적한 동네에서 자취 생활을 시작한 동양인 남성들은 어디를 가나 눈에 띄었다. 거리에 나가 장을 보고 사진을 찍을 때면 늘 신기해하는 표정의 구경꾼들이 하나둘 모여들었다. 일본인(Giapponese)이냐 중국인(Cinese)이냐 하도 묻는 통에 처음 익힌 이탈리아 말이 '꼬레아노(Coreano)'였다. 그 다음 돌아오는 질문도 늘 한결같았다. "한국은 어디에 있는 나라인가요?"

 당시 일행은 가장 선임자인 정주화 차장과 박광남·이승복 과장, 김동우 대리와 나 이충구 대리. 훗날 먼저 귀국한 이승복 과장을 대신해 합류하게 되는 허명래 대리까지 늘 5명의 인원이 유지되었다.

 우리는 방 두 칸에 나눠 살며 가사를 분담했다. 막내급인 나는 장보기, 설거지를 주로 맡았다. 부엌 근처에는 얼씬도 못하게 하던 가부장적 환경에서 자란 탓에 처음엔 귀찮고 짜증이 났다. 하지만 차츰 현지인들에게 물어물어 새로운 레시피를 배우고 식단을 짜는 권한을 행사하는 데 은근히 재미를 붙여갔다. 그때 배운 바나나 플람베는 지금도 가족 앞에서 코냑에 불을 붙여가며 실력을 뽐내는 자랑거리로 남았다.

그렇게 우리는 쌉싸름한 에스프레소와 갓 구워낸 빵의 풍미를 즐기게 됐고 이국 생활에도 빠르게 적응해갔다. 출퇴근도 도심의 일터까지 직접 자가용을 몰고 다녔는데 유럽의 자동차 문화와 역사를 구석구석 몸으로 익히는 데 도움이 되었다. 이탈리아 자동차 산업의 발상지이자 유럽의 디트로이트라 불리던 토리노에는 자동차에 뜻을 둔 이라면 꼭 둘러봐야 할 곳이 무궁무진했다.

포 강 유역에 우뚝 서 있는 세계 최고(最古)의 국립자동차박물관이 유럽 전역의 자동차 역사를 집대성하고 있었고, 피아트·란치아·알파로메오 같은 거물급 자동차회사의 본사와 공장으로 시민들의 출퇴근 행렬이 이어졌다. 여기에 람보르기니, 베르토네, 피닌파리나, 이탈디자인처럼 세계의 자동차 미학에 지대한 영향을 미치고 있는 카로체리아[#]까지 줄잡아 350개가 넘는 자동차 관련

[#] Carrozzeria. 자체 디자인 능력을 갖춘 이탈리아의 자동차 공방.

기업들이 도시 전체를 떠받치고 있었다. 주말이 되면 페라리·이베코·스텔란티스 등의 계열사를 거느린 이탈리아 최대 자동차 재벌 엑소르 그룹의 축구팀 유벤투스를 응원하는 함성이 하루 종일 도시를 들썩거리게 했다. '자동차를 배우려면 토리노로 가라'는 이탈리아 인들의 말이 갈수록 실감날 수밖에 없었다.

르네상스

우리가 몰고 다닌 '피아트127'은 이탈리아에서만 1백만 대 넘게 팔린 대중적인 패밀리카였다. 당시로서는 현대적인 소형 해치백 스타일에 실용성도 좋아 1972년 유럽 올해의 차에도 선정되었다. 2도어라 아무래도 좁은 뒷좌석이 흠이지만 우리에게는 별다른 선택의 여지가 없었다. 성인 남자 5명이 옹기종기 껴 앉아 출퇴근을 했다. 간혹 일이 없는 주말에도 함께 토리노 시내와 근교를 구경하러 다녔다.

명색이 자동차회사 직원들이지만 운전을 할 줄 아는 사람은 드물었다. 운전면허증이 있는 사람은 정 차장과 수송병과 장교 출신인 나 둘 뿐이었다. 하지만 운전 경험이 많지 않은 데다 시내 지리와 도로 환경도 익숙지 않다보니 찻길 대신 노면 전차의 레일 위를 달리는 경우도 종종 있었다. 그럴 때마다 동승한 직원들은 기겁을 했다.

정세영 사장과 전성원 기획실장이 토리노를 방문해 공항으로 마중 나갔을 때도 비슷한 일이 있었다. 잔뜩 긴장한 상태에서 피아트127의 좁은 뒷자리에 두 분을 모셨는데 하필 나는 의자를 뒤로 쭉 빼고 앉는 버릇이 있었다. "자네는 그렇게 해야 운전이 편한가?" 아무래도 불편했는지 에둘러 점잖게 눈치를 주는데도 뒤를 돌아보거나 진의를 파악할 여유가 없었다. "네." 단답형으로 대답을 끝내버린 나는 돌아오는 길 내내 앞 유리창에만 단단히 시선을 고정시키고 있었다.

당시 토리노에 있는 우리의 동향은 서울의 본사에서도 매우 중요한 관심사였다. 국산 고유모델 개발이란 막중한 임무를 안고 파견된 인원들이기 때문이다. 종종 현지 점검과 격려를 겸해 고위급 임원들이 방문했다. 그런 날은 빵, 스파게티, 간혹 현대그룹 런던 사무실에서 얻어 온 양념으로 대충 버무려 만든 양배추 김치로 식사를 해결하던 우리도 간만에 호사를 누릴 수 있는 기회이기도 했다. 현대자동차의 파트너가 된 이탈디자인(Ital Design) 사가 만찬을 제공했기 때문이다.

토리노의 격조 높은 레스토랑은 카로체리아들에게서 느꼈던 이탈리아인 특유의 장인정신을 새삼 재확인하는 자리이기도 했다. 갖가지 재료와 소스가 뜨거운 프라이팬 위에서 뒤집히고 섞이며 정찬으로 재탄생하는 과정은 보는 것만으로도 감탄사가 절로 나왔다. 로맨틱한 설명과 함께 화려하고 정교한 불꽃 쇼를 시연하는 셰프의 얼굴에서는 왕좌와도 바꾸지 않을 것 같은 단단한 자부심이 느껴졌다.

세계무대를 향한 한국 자동차의 첫 기항지가 독일, 미국, 일본이 아니라 조금은 생소했던 나라 이탈리아였던 것에 대해 두고두고 큰 행운이라 여겼던 것도 이런 복합적인 매력들 때문이다. 내가 경험한 이탈리아는 이를테면 잘 달궈진 프라이팬 같은 나라였다. 그 뜨거운 열정 위에서 다양한 문화권의 기술, 학문, 사상, 예술이 융합되며 미학적으로 재창조되는 공간이라 여겨졌다.

스티브 잡스와 정재승 교수 같은 이들은 창조성 내지 창의성이 '이질적인 것들의 연결 능력'이라 말한다. 다양한 지식과 경험이 충돌하는 융합의 교차로에서 마법 같은 혁신이 탄생한다는 것이다. 오늘날 정치·경제·군사적인 영향력 면에서 이탈리아는 결코 강대국이라 하기 어렵다. 하지만 문화적인 측면에서는 여전히 세계적으로 큰 영향력을 발휘하는 나라다. 로마제국의 중심지이자 르네상스의 발상지라는 역사적 자산이 관광 상품으로서 뿐만 아니라 이탈리아 국민들의 의식과 정서를 관통하는 문화 유전자로서 면면히 이어지고 있기 때문이라 생각한다.

로마제국의 시작은 '결핍'이었다. 로마는 지성에서 그리스, 체력에서 게르만, 경제력에서 카르타고보다 열세였다. 하지만 어떤 나라보다 넓은 영토를 경영했고 또 오래 살아남았다. 또한 고대로부터 현대에 이르기까지, 또 문자와 법률과 종교까지, 인류문명 전반에 걸쳐 여전히 큰 지분을 차지하고 있다. 많은 학자들은 그 첫 번째 비결로 포용성을 꼽는다. 지역과 출신에 상관없이 다양한 기술과 지식을 흡수하고 변화에도 주저함이 없었던 적응력이 제국의 토대가 됐다는 것이다. 인구도 부족한 초원의 유목민족을 이끌고 세계 최대의 제국을 건설한 몽골도 마찬가지다.

세계에서 가장 신앙심 깊은 가톨릭 국가지만 역설적으로 르네상스를 통해 중세의 종말을 알린 것 역시 이탈리아였다. 이탈리아는 서유럽 기독교 세계와 비잔틴, 이슬람 문화를 연결하는 중요한 교차로였다. 특히 11세기부터 시작된 십자군 전쟁은 지중해 교역의 중심지인 이탈리아 북부 도시국가들을 비약적으로 발전시켰다. 부유한 상인들이 많아지며 시민계급이 발달했고, 봉건사회에서 재능과 창의성을 억압받던 인재들이 자유와 성공을 찾아 피렌체, 밀라노, 베네치아로 몰려 들었다. 16세기 절정기의 르네상스를 대표하는 브루넬레스키, 보티첼리, 라파엘로, 미켈란젤로 등의 거장들은 예술가일 뿐만 아니라 다방면에 능통한 기술자들이기도 했다.

레오나르도 다빈치는 그 중에서도 군계일학이었다. 수학, 공학, 건축, 천문, 지질, 동식물, 음악, 역사, 철학부터 요리까지 다재다능하기가 이를 데 없었다. 특히 그의 대표작인 모나리자의 미소 속에는 30구가 넘는 시체를 해부하며 뇌와 신경, 척수, 근육의 미세한 움직임까지 모두 분석하고 싶어 했던 그의 끝없는 호기심과 완벽주의가 가장 조화롭게 반영되어 있다고 한다.

이 희대의 천재가 남긴 것은 걸출한 미술품과 의학 발전에 기여한 인체 해부도뿐만이 아니다. 왜 산에서 샘물이 솟는가? 무엇이 달을 빛나게 하는가? 왜 하늘은 파란가? 피는 어떻게 흐르는가? 호기심이 생기면 궁금증이 풀릴 때까지 집요하게 물고 늘어진 그는 항상 작은 노트를 품고 다니며 관찰한 것들을 모두 기록하는 철저한 메모광^註이었다. 그가 남긴 방대한 기록물은 서로 다른 분야의 지식이 융합을 일으켜 창조로 이어지는 과정을 극적으로 보여주는 사례이기도 하다. 그 가운데는 당연히 인간의 타고난 본능이라 할 수 있는 비행기계, 그리고 스스로 움직이는 자동차에 대한 묘사도 빠질 수가 없었다.

---

^註 다빈치는 7,200쪽 가량의 연구노트 코덱스(Codex)를 남겼다. 소장자와 소장지역에 따라 코덱스 아틀란티쿠스, 코덱스 로마노프 등으로 불린다. 현재 가장 유명한 육필원고는 1994년 빌 게이츠가 3천만 달러에 구입한 72쪽 분량의 코덱스 레스터이다.

타고난 본능

초등학생 때 떠나온 고향에는 놀랍게도 70여 년이 흐른 지금까지 선친이 운영하셨던 방앗간의 흔적이 옛 모습 그대로 남아 있다. 최근 이곳을 찾아 신기하고도 반가운 마음에 곳곳을 둘러보다 문득 유년기의 내 모습이 떠올라 슬며시 웃음 지었던 기억이 난다. 천장까지 가득한 뽀얀 먼지 속에서 부지런히 피대를 걸고 전봇대를 오르내리던 아버지, 돼지 오줌보를 차고 다니다 구수한 가래떡 냄새에 이끌려 하나둘씩 모여 들던 동네 친구들의 모습이 마치 어제 일처럼 선명하기만 하다.

육중한 발동기 소리와 함께 자란 나는 자연스레 기계류에 관심이 많을 수밖에 없었다. 밤새 잠자고 있던 방앗간 기계들이 부르르 몸을 떨며 일제히 진동을 시작하던 모습, 하루 두어 번 씩 경부선 철길을 지나던 기차의 굉음이 늘 오감을 자극했다. 그중에서도 가장 많이 마음을 빼앗긴 것은 대구 피난 시절 처음 본 미군의 트럭이었다. 전쟁의 고통 속에서도 호기심을 억누를 수 없던 어린아이에게 트럭 꽁무니를 뒤쫓아 다니는 것만큼 재미있는 오락거리도 없었다.

어디든 트인 공간만 있으면 달리는 아이들, 수렵 채집 시절부터 시작된 말의 가축화, 고대 그리스의 서사시 일리아드에 등장하는 번개 수레 등을 보면 인간의 DNA에는 탈 것 혹은 질주에 대한 본능이 내재되어 있는 듯하다. 더 빨리, 더 멀리 이동한다는 것은 생존과도 직결된 일이었으니 아마도 자연스러운 진화 과정의 하나였으리라 여겨진다.

그렇게 발전한 이동 수단 중에서도 자동차는 무척이나 특별한 발명품이다. 다빈치가 고안한 태엽 자동차부터 오늘날의 첨단 모빌리티까지 자동차는 늘 당대 최고의 기술과 지식, 예술과 사상을 아우르는 시대의 표상과 같았다. 아무나 가질 수 없던 사치품에서 대중 모두가 편익을 누리게 된 모터라이제이션[#] 시대가 도래하며 이런 경향은 더욱 가속화되었다.

인간은 우리가 이해하는 것 이상으로 미묘한 감정과 직관, 상호작용과 심리적 기제에 의해 움직이는 생명체다. 인본주의 심리

[#] Motorization. 자동차가 급속히 보급되며 대중적인 생활필수품이 되는 현상.

학자 매슬로우의 유명한 '욕구 5단계론'에 따르면 인간의 욕구는 생존, 안전, 소속감, 인정, 그리고 자신에 대한 완전한 이해와 완성을 추구하는 단계로 나아간다.

이런 단계적 동기 부여의 이론은 용도, 가격, 성능, 디자인, 안전성, 타인의 시선까지 수많은 이성과 감성이 복잡하게 작용하는 자동차의 소비 패턴에도 고스란히 적용될 수 있다. 이는 또한 소비자들에게만 해당되는 이야기가 아니다. 자동차를 만드는 엔지니어와 디자이너에게도 인간 욕구의 충족은 숙명이나 다름없다. 실로 난해하기 그지없는 객관적 주관적 평가요소들을 관통해 누구에게나 보편적으로 인정받는 차를 만든다는 것은 물리적인 기술력만으로는 불가능한 일이다. 인간의 감춰진 내면까지 꿰뚫어 볼 수 있는 통찰력이 더해져야 한다.

어찌 보면 자동차를 향한 나의 50년 여정도 좋은 차, 타고 싶은 차가 상징하는 인간의 본능을 이해하는 과정이었다는 생각이 든다. 여전히, 아마 죽을 때까지도 완성에 이르지는 못하겠지만 지나온 길을 돌아보는 지금 이 순간에도 성장에 대한 욕구가 살아 꿈틀거림을 느낀다. 그것은 자동차에 대한 본능적 갈구일 수도 있고, 좀처럼 꺼지지 않고 있는 타고난 호기심과 경쟁심 때문이기도 할 것이다.

내 선친은 평생을 광평대군의 후손이란 정체성 안에서 사셨다.

세종의 5남인 광평대군은 부왕을 닮아 늘 학문을 가까이 하고 성품도 어진 이였지만 안타깝게도 스무 살의 나이로 요절했다고 한다. 다행히 명맥을 이은 자손은 대가 갈수록 번성했고 내 고향인 충북 영동에도 집성촌을 이뤘다. 하지만 종가의 기운이 쇠하며 오랜 시간 방계인 할아버지와 아버지가 사당을 지키게 되었다.

외지에서 교육 받을 기회를 얻은 동생들과 달리 장남인 아버지는 내내 고향을 떠나지 못했다. 대신 정미소 운영으로 가세를 일으키며 훗날을 기약했다. 바로 우리 7남매의 교육이다. 아버지의 열망은 아들딸을 가리지 않았다. 자식들도 새벽부터 밤늦게까지 기름때와 먼지 속에 부지런히 몸을 움직이는 부모의 기대를 저버리지 않았다.

해방둥이 막내로 태어난 나는 마냥 귀여운 장난꾸러기이자 한편으론 대가족 틈에서 눈치도 빠른 아이로 성장했다. 일 년이면 열두 번씩 열리는 제사는 늘 정겹고 떠들썩했다. 그러나 묘한 긴장감이 흐르는 자리이기도 했다. 집안 어른들 사이에서 사촌들과 우리 남매의 학업이 은근한 비교 대상이 되고 있다는 것은 아버지 무릎에 앉아 귀동냥을 하는 어린아이에게도 충분히 감지될 만한 것이었다.

짐짓 내색은 안 해도 아버지는 늘 그 자리의 승자였다. 서울의 명문대학을 졸업한 형들은 국책은행과 유명기업에 자리를 잡았고 우리 식구는 물론 이웃들에게도 큰 자랑거리였다. 아버지를 닮아 성실하고 수완이 좋던 셋째 형은 정미소 일을 도와 땔감과 건축용 목재까지 가업을 넓히는 데 큰 몫을 하게 된다.

정신대로 끌려가는 불상사를 막기 위해 일찍 출가시킨 맏딸에 대한 아쉬움은 둘째 누이가 곱절로 채웠다. 여성은 가까운 대전에 진학하는 것만 해도 대단하게 여기던 시절, 유난히 독립심이 강했던 누이는 갖은 어려움 속에서도 이화여고와 이화여대 약학과를 졸업하고 당당히 서울에 자리를 잡았다.

부모님이 자녀들의 성공과 미래에 대해 두런두런 꿈을 나눌 때면 품에 안겨 있던 나는 늘 더 깊고 억세지는 손길을 느끼곤 했다. 어머니는 마흔넷 늦은 나이에 낳은 나에 대해 걱정이 많았다. 그런 염려가 무의식중에 내게도 학습된 것인지 막내아들은 조랑말처럼 건강하게 자랐다.

동네 아이들을 끌고 천지 사방을 헤집고 다녔고 갓 나온 정미소 가래떡을 싹둑 잘라다 시시덕거리며 나눠 먹는 천방지축이었다. 한편으론 또래보다 총명한 머리와 좀처럼 지기 싫어하는 기질로도 동네 사람들의 입에 자주 오르내렸다. 얼어붙은 논에서 썰매를 타는 겨울이 오면 손재주 좋은 셋째 형은 무조건 일등을 해야 직성이 풀리는 막내 동생에게 붙들려 날마다 썰매 바닥의 경사와 날의 재질을 고민했다.

사업부터 자녀까지 안 되는 일이 없던 아버지는 더욱 커진 종가에 대한 책임감에 언제나 마을의 경사와 애사에 앞장섰다. 웬만한 사내보다 체격과 배포가 컸던 어머니 역시 늘 그 큰 손으로 친지와 이웃의 어려움을 보살폈다. 광평대군 20대손 이 씨네 집은 부잣집 가난한 집 가릴 것 없이 마을 사람 누구나 편하게 드나드는 동네 사랑방 같았다. 이웃들은 오랜 가풍만큼이나 높게 자란 대추나무 그늘 아래에서 푸른 들녘을 바라보며 추수할 때를 점치곤 했다. 내 어린 시절은 그렇게 더없이 평화롭고 넉넉한 풍경의 연속일 것만 같았다. 적어도 그날이 오기 전까지는.

전쟁의 역설

1950년 6월의 포성은 한국사람 모두의 운명을 뒤바꿨다. 많은 이들이 가족을 잃었고 삶의 터전은 송두리째 사라졌다. 우리 가족도 예외일 수는 없었다.

전쟁이 발발하고 일방적으로 밀리던 국군은 우리 집이 있는 충북 영동에서 전열을 재정비했다. 충청과 영남의 경계에서 벌어진 약 열흘간의 치열한 전투로 영동군 일대는 쑥대밭이 되었다. 인민군의 파죽지세를 막는 것이 불가능해지자 우리 가족도 서둘러 가까운 친지들과 함께 피난 짐을 꾸렸다. 아버지는 다시 돌아올 때까지 꼭 보관해야 할 물건들을 한밤중에 마당 한 구석에 파묻었다. 정미소에서 도정을 하려고 쌓아둔 쌀까지 처리하기에는 상황이 너무 급박했다.

초여름 산길엔 벌들이 많았다. 이곳저곳을 쏘였지만 울지 않았다. 누구에게도 아이의 눈물을 보듬어줄 여유가 없었다. 어린 나 역시 지금은 울어도 소용이 없는 때라는 것을 어렴풋이 깨닫고 있었다. 스스로 걷는다기보다는 거의 행렬에 휩쓸려 움직이는 형국이었다. 아버지는 큰 등짐을 메고 어머니는 머리에 가재도구를 이었다. 남은 손으로는 가장 어린 나와 셋째 누이의 손을 단단히 붙잡았다.

몇 시간을 걸어 도착한 산골에서 밤을 보냈다. 빈 집을 찾아 들어가 어머니와 셋째 누이 옆에 몸을 누였다. 셋째 누이도 나처럼 어린아이였지만 정미소 일로 바쁜 부모님을 대신해 늘 막내 동생을 업고 다니며 보살폈다. 아직도 가끔은 그 작은 등에서 전해지던 온기가 떠오르곤 한다. 아마 그날 밤도 고사리 같은 손으로 겁에 질린 나를 다독였을 것이다.

까무룩 잠이 들었을까. 바로 근처에서 생전 들어보지 못한 굉음이 울려 퍼졌다. 누군가 솜이불이 파편을 막아줄 거라 외쳤다. 셋째 누이와 나는 어머니와 함께 한 이불 속으로 몸을 숨겼다. 얼마 뒤 다시 폭격이 시작되었다. 터질 것 같은 귀를 막은 손가락 사이로 어머니의 찢어질 듯한 외마디 비명이 들려왔다.

셋째 누이는 큰 고통 없이 그 자리에서 숨졌다. 함께 피난길에 나선 친척들 중에서도 죽은 이들이 있었다. 아니, 그랬다고 들었다. 부모님은 내게 죽은 누이의 얼굴을 보여 주지 않았고 날이 밝은 뒤 다시 피난 대열에 합류할 때까지 아무 말도 하지 않았다. 얼마쯤 걷다 보니 어머니의 몸에서도 많은 피가 흐르고 있었다. 하지만 남은 새끼들을 살려야 된다는 모성 때문이었는지 고통을 느끼지 못하는 것 같았다.

이후로도 몇 번을 길섶에 주저앉아 폭격을 피하며 걸었다. 지녔던 짐도 거의 잃어버린 우리는 가까스로 대구에 도착했다. 난리통에 입에 풀칠이라도 하려면 어른 아이 할 것 없이 제 일거리를 찾아야 했다. 나는 형을 따라 골목 어귀에 궤짝을 놓고 사과를 팔다가 미군 지프차가 지나갈 때마다 소리를 지르며 뒤를 쫓았다. 그사이 타지에서 따로 피난길에 오른 큰형의 식구들과도 재회했다.

인천 상륙작전과 서울 수복 소식을 들은 우리 가족은 다시 짐을 꾸렸다. 몇 개월 만에 돌아온 고향은 아수라장이었다. 부모님의 피땀이 서린 정미소는 이미 불에 타 사라졌다. 집에 두고 간 쌀과 마당에 묻어둔 물건도 누군가 모두 파헤쳤다. 하지만 피난길 위에서 숱한 죽음과 이별을 경험한 우리 가족은 이렇게 함께 모여 살 수 있는 것만으로도 다행이라 여겼고, 죽은 누이의 몫만큼 더 열심히 살아야 한다며 서로를 다독였다. 그사이 다섯 살이 된 나 역시 몸과 마음 모두 훌쩍 자라 있었다.

더 이상 잃을 것 없는 사람만큼 무서운 게 없다고 했던가. 나라를 되찾은 지 5년 만에 일어난 한국전쟁은 그나마 막 일어서려던 한반도 전역을 다시 폐허로 만들었다. 그러나 극단적인 파괴와 공포에서 살아남은 민초들에게서는 역설적으로 잿더미 속에서 부활한 불사조처럼 더욱 강하게 삶의 의지가 불타올랐다.

철저하게 파괴된 공업 기반 역시 무에서 유를 창조하는 데 새로운 기회를 제공해주었다는 생각이 든다. UN군이 남기고 간 자동차와 부품이 한국 자동차 산업의 시발점이 된 것이다. 이전까지 고가의 수입 자동차는 극소수 고위 관료들의 몫이었다. 일반인은 잘 해야 버스를 타 보는 게 고작이었다. 하지만 전쟁이 끝난 뒤 군용 폐차를 재생한 자동차들이 '시발택시'라는 이름으로 거리를 돌아다니며 한국인들도 서서히 자동차에 익숙해졌고 관련 인력과 산업 육성의 필요성을 자극하는 씨앗이 되었다.

전쟁으로 모든 것을 잃었지만 아버지의 교육열은 더욱 불타올랐다. 똑똑하고 부지런한 둘째 누이를 위해 그나마 남은 집을 팔아 대학 입학금을 마련했다. 여전히 북녘에서는 한 치라도 더 땅을 차지하려는 전투가 계속되며 전선이 오르락내리락 하는 상황이었다. 하지만 그 시각에도 누이의 또순이 같은 인생은 한 걸음씩 앞으로 나아가고 있었다. 서울에 있던 이모네 식구와 함께 적산 가옥을 불하받아 보금자리를 장만했고 대학을 졸업하자마자 연건동에 약국을 개업했다. 그리고 고향에 남은 가족을 서울로 올라오게 해 실질적인 가장의 역할을 떠맡기 시작했다.

둘째 누이는 전쟁 속에 어린 시절을 보낸 막내 동생에 대해서도 계획을 세워놓았다. 타고난 머리와 승부욕이 있으니 누군가 조금만 불쏘시개 역할을 해주면 여느 형제자매들 못지않게 재능을 펼칠 거란 믿음도 있었다고 한다. 고향에서 초등학교에 다니던 나는 누가 따로 책상머리에 끌어다 앉히지 않아도 성적과 운동 모두 일등을 놓치는 법이 없었다. 가끔씩 함께 자란 큰 조카에 밀릴 때면 더없이 분해하며 어린 나이에도 절치부심하는 모습이었다는 게 주변 사람들의 기억이다. 쌍둥이처럼 자란 동갑내기 조카는 학교에서도 집에서도 좋은 친구이자 훌륭한 맞수였다. 아기 때는 형수의 젖이 부족해 어머니의 젖을 두고도 종종 경쟁을 해야 했다고 들었다. 아동심리학에서는 영유아기의 경험이 성격 형성에 큰 영향을 미친다고 하던데, 두 달 먼저 태어난 조카 역시 나의 타고난 경쟁심을 더욱 부채질하는 요소가 된 게 아닐까 싶다.

정미소와 자동차

 초등학교 5학년이 되며 드디어 서울로 전학을 했다. 조카도 함께였다. 고향에서는 학교에서 가장 잘 나가는 쌍두마차이고 선의의 경쟁자였지만 이곳에서는 그저 둘 다 촌놈이었다. 대도시에 나와 주눅 들어 있는 우리에게 처음 다가온 사람은 학급에서도 유명한 악동이었다. 텃세를 부리듯 쉬는 시간마다 말투와 옷차림을 놀려대며 공연히 꿀밤을 먹였다.

 더 견디기 힘들었던 것은 매일 치르는 산수 시험이었다. 빵점이라고 적힌 첫 답안지를 받고 얼마나 부끄럽고 참혹했던지 지금도 그때 생각만 나면 몸서리를 치게 된다. 영동에서는 분명히 28쪽까지 배우고 올라왔는데 서울의 교실에선 이미 104쪽을 펼치고 있었다. 첫 시험에 빵점을 받고 이후에도 계속 산수 성적이 하위권을 벗어나지 못했던 조카와 나는 밤마다 창문 앞에 나란히 앉아

처량한 목소리로 함께 배운 동요를 불렀다.

하지만 또래보다 유별난 경쟁심은 체념이나 핑계보다 혹독한 승부 근성 속으로 나를 몰아넣었다. 노력 앞에 장수 없다고, 이를 악물고 뒤떨어진 진도를 따라 붙은 덕에 6학년에 올라오며 성적은 교내 전체에서 세 손가락 밖을 벗어나지 않게 되었다. 약간씩의 경로 이탈은 있을지언정 한 번 자리를 잡은 학습의 궤도는 이후에도 꾸준히 이어졌다.

도시 학교에 완전히 적응하며 숨어 있던 신체 능력과 문화적 감수성도 재발견하게 되었다. 논밭을 뛰어다니면서 다진 체력 덕분이었는지 배구부가 유명했던 중학교에서는 체육 교사의 끈질긴 입단 권유를 피해 다녀야 했다. 가끔씩 학업이 맘대로 풀리지 않아 생기는 마음의 공백은 카메라가 채워줬다. 부모 이상으로 내게 애정을 쏟던 둘째 누이가 큰 맘 먹고 선물한 리코플렉스(RICOHFLEX) 카메라였다.

첫 산수 시험의 충격 이후 공부에 방해가 된다면 그 어떤 것에도 마음을 뺏기지 않겠다고 다짐했던 내가 유일하게 설렜던 게 백화점에서 본 카메라였다. 그 작고 정밀한 기계가 만들어내는 아름다운 인물과 풍경은 정말 경이로웠다. 카메라를 들고 무작정 길을 나설 때면 스스로를 극한으로 몰아붙이던 일등에 대한 압박감도 모두 사라져버렸다. 사진의 매력에 푹 빠진 나는 같은 학교 재단에 다니던 고등학생 사진부원들이 인화하고 현상하는 과정을 꼼꼼히 봐두었다가 선배들이 사용 안 하는 시간을 틈타 수시로 작은 들창을 넘어 암실로 숨어들곤 했다.

공부든 취미든 끝을 보아야 하는 성격 그대로 카메라를 향한 열정은 중학교 1학년 때부터 대학까지 이어졌고 어느새 미학 서적을 탐독하며 사진 공모전에 출품해 수상하는 수준까지 발전했다. 독일제와 일제 카메라의 미세한 특성 차이를 구분하며 기계 성능과 품질에서도 민족성이 발현될 수 있다는 사실을 신기해하기도 했다.

카메라에 대한 몰입은 어쩌면 어린 시절 정미소 기계를 능숙하게 다루던 아버지, 전자공학 전공자답게 직접 부품을 사다 라디오를 조립하던 둘째 형에게서 느꼈던 부러움의 발로인 듯도 하다. 기계류에 대한 나의 천성적인 호기심은 방앗간과 라디오, 카메라를 넘어 서서히 더 크고 신비로운 복잡계를 향해 나아갔다.

1963년 우리나라에서 처음으로 서울대 공업교육과에 자동차공학전공이 개설되었다. 내 성향과 관심을 잘 아는 송길상 선생님이 적극적으로 지원을 권유하셨다. 나의 선택도 당연히 자동차공학전공이었다. 처음 만나는 동기들의 얼굴에도 대한민국 사상 최초의 자동차 전공 세대라는 자부심이 역력했다. 신입생들 대부분 그때까지 타 본 자동차라고는 미군이 쓰던 승합차를 개조해 만든

19인승 시내버스가 유일했다. 겨울이면 배터리에서 황산과 유황 타는 냄새가 바닥을 뚫고 올라왔고 그마저도 자주 고장 나 단체 지각사태를 만들곤 했다.

하지만 웬걸, 기대에 가득 찬 우리를 기다리는 것은 전쟁 직후처럼 다시 맨바닥에서 시작해야 하는 날들이었다. 이름은 자동차 공학전공이지만 교육환경은 열악 그 자체였다. 학과 내에 자동차라고는 어디선가 기증받은 지게차 1대가 전부였다. 한국의 첫 자동차 교육기관인 만큼 교육 당국으로서도 나름 최선을 다해 마련한 실습 기재였다. 아무튼 네 바퀴가 달려 있으니 자동차는 자동차인 셈이었다.

물론 지게차도 처음 보는 우리는 서로 몰아보고 싶어 안달이었다. 버스 운전기사가 기어와 페달을 조작하는 모습을 유심히 봐뒀다가 교수님 몰래 지게차의 운전을 시도했다. 나의 야심찬 인생 첫 드라이브는 시동을 건 뒤 얼마 못 가 화단에 처박히는 걸로 끝났다. 지게차의 진행 방향을 바꾸는 스티어링이 일반 차량보다 몇 곱절 더 예민하다는 것까지는 미처 몰랐던 것이다.

혈기만 왕성했던 첫 제자들의 무모한 도전에 노심초사를 거듭하던 김웅서 교수님은 사방으로 애쓴 끝에 미국 대외 원조기관을 통해 변속기 하나를 더 구해오셨다. 이것을 분해하고 조립하는 수업은 마냥 즐거우면서도 한편으론 당혹감의 연속이었다. 학생은 물론 교수님도 경험이 없기는 마찬가지였다. 분해한 부품을 순서대로 늘어놓은 뒤 역순으로 다시 조립을 하는데 이상하게 꼭 남는 부품들이 생겨 다 같이 계면쩍게 웃곤 했다.

참고할 만한 이론 서적도 구하기 힘들었다. 청계천 중고 책방을 돌며 미군의 차량 정비 매뉴얼들을 구해다 사전을 뒤적이며 읽고 또 읽었다. 당시에 얼마나 영문 매뉴얼들을 애지중지했는지 이후에 23번이나 이사를 하면서도 끝끝내 버리지 못한 것도 있다.

대학에서 충족되지 못한 기초적인 호기심은 2년 3개월 간 복무한 군대에서 상당 부분 해소되었다. 대학 졸업과 함께 ROTC 장교로 임관해 수송대대에 배속되었다. 직책은 작전 차량 대열을 선도하는 컨보이 소대장과 정비담당관을 번갈아 맡았다. 당시 군이 보유한 자동차와 기술 수준은 민간보다 훨씬 높았다. 처음 부대에 들어서던 날 일렬종대로 늘어선 군용차량의 유리창들이 반짝반짝 햇빛을 반사하던 모습이 기억에 선하다.

적의 도발에 맞서 언제든 출동할 준비가 되어 있어야 하는 만큼 군 차량의 운용과 정비 상황은 놀랄 만큼 완벽에 가까웠다. 그간의 굶주림을 채우려는 듯 군 생활 내내 다양한 차종의 기본 구조와 정비 매뉴얼을 분석하며 미친 듯이 현장의 살아 있는 지식들을 흡수했다.

많은 운전병들을 지휘하며 자동차를 둘러싼 다양한 제반 환경에 대해서도 식견이 쌓였다. 다들 제각각의 성장 배경을 가진 운전병들을 통솔하기 위해서는 세심한 교육과 훈련이 필요했다. 사고가 발생하기 쉬운 환경인만큼 이를 예방하려면 사후약방문에 해당하는 엄한 군율보다 평상시에 운전병의 건강관리와 올바른 운전습관 체득에 힘쓰는 게 더 효과적이라고 생각했다.

학교에서 채우지 못한 갈증을 군대에서 푸는 사이 굉장한 소식이 들려왔다. 경인고속도로와 소양강댐, 고리 원자력발전소에 이어 대한민국 건설업계 최초로 해외 공사 수주에 성공하며 한창 이름을 날리던 현대건설이 자동차 업종에 진출한다는 것이다.

건설로 일어선 현대그룹이 자동차 사업에 진출하는 것은 어찌 보면 필연적이었다고도 할 수 있다. 정주영 회장은 1940년대 초 아도서비스라는 자동차 수리공장을 인수해 직원이 80명에 달할 정도로 크게 운영했다. 1946년에는 서울 명보극장 부근에 현대자동차공업사란 정비공장을 차렸다. 여기서 번 돈으로 현대토건을 세웠고 1950년 두 회사를 합쳐 현대건설이 시작되었다.

현대건설이 본격적으로 자동차산업 진출을 모색한 1960년대 중반은 경제개발 5개년 계획이 한창이던 때다. 자동차의 완전 국산화 계획도 그중 하나였다. 정부는 일정 비율 이상의 국산화 계획을 제출하지 못하는 회사에게는 부품 수입을 금지한다는 정책도 발표했다. 반면 당시 한국의 자동차 산업은 대략적으로 나눈 부품을 받아다 조립하는 SKD(Semi Knock Down) 수준에서 벗어나지 못하고 있었다.

정부의 자동차산업 육성계획은 당연히 관가와 재계 모두로부터 불가능하다는 우려를 샀다. 하지만 현대건설의 정주영 회장은 생각이 달랐다. 아이젠하워 대통령의 방한 행사를 위해 한겨울 부산 UN묘지의 누런 잔디를 낙동강변의 푸른 보리 싹으로 갈아엎고, 서산 천수만을 유조선으로 막아낸 기상천외한 아이디어들로도 짐작할 수 있듯이 안 된다는 생각보다 '그럼 어떻게 하면 될까'라며 궁리하는 스타일이었다.

자동차 산업 진출도 마찬가지였다. 1967년 4월, 정 회장은 미국 워싱턴에 출장 중이던 정세영 현대건설 상무를 급히 호출했다. "포드가 한국 진출을 모색 중이니 접촉해 보라"는 내용이었다. 정세영 상무는 곧장 디트로이트의 포드 본사를 찾았고 한국에서 추가 협상을 이어가며 기술제휴를 점차 구체화하기 시작했다.

당시 고도성장의 징후가 명백해지던 한국은 또 다른 미국의 거대 자동차 회사 GM에게도 무시 못 할 미래 시장이었다. 하지만 두 회사의 접근법은 달랐다. GM은 자본과 경영참여를 원했다. 반면 포드는 새로운 자회사 설립을 선호했는데 이는 더 야심찬 미래를 꿈꾸고 있던 현대가 포드를 선택하게 되는 중요한 배경이 되었다.

현대는 포드와 최종 협상 타결 전 자동차 생산공장 건설허가

신청서와 사업계획서를 정부에 제출했다. 정부는 조건을 걸었다. 이듬해 5월까지 포드와 제휴해 공장을 세울 구체적 요건을 갖춰야 했다. 1967년 12월 27일 정부의 승인이 떨어졌고 이틀 뒤 사업자 등록증이 발행되며 현대자동차가 공식적으로 출범했다. 1968년 2월 23일, 현대자동차는 포드와 조립계약을 맺었다.

제대를 앞둔 나는 대학 선배의 초대로 한창 첫 삽을 뜨고 있던 현대자동차 울산공장을 돌아볼 기회가 생겼다. 영국 포드사의 코티나 부품을 수입해 이제 막 하루 2~3대 정도를 조립하던 때인 까닭에 시설과 장비는 볼품이 없었다. 해안가 습지를 메워 조성한 공장 부지는 여전히 허허벌판이었고 지붕에서는 비가 새는 곳도 있었다.

하지만 청계천 헌책방 거리에서 포드차 매뉴얼만 발견해도 반가워서 어쩔 줄 몰라 했던 내게 이보다 더 매력적인 공간은 없었다. 쌀가게에서 출발한 현대그룹이 선진국 아니면 언감생심 꿈도 못 꿀 자동차 생산까지 해내겠다는 열정과 포부에서도 묘한 동질감이 느껴졌다. 나 역시 정미소 출신의 엔지니어이기는 매 한가지였기 때문이다.

회자정리(會者定離)

자동차공학 전공자도 생소하지만 그들이 일할 수 있는 자동차 회사도 보기 드물던 무렵, 대학을 졸업하고 군복무를 마친 뒤 내 앞에 놓인 선택지는 두 가지였다. 한창 주가가 치솟던 신진자동차, 그리고 이제 막 자동차산업에 도전장을 던진 현대자동차였다.

신진자동차는 일본 토요타자동차와 기술제휴를 맺고 국내 최초로 가동을 시작한 KD[#] 조립공장에서 소형 승용차 코로나와 중형 세단 크라운을 만들어 팔고 있었다. 원래 부산의 자동차조립업체였던 신진자동차는 1963년 폐업한 새나라 자동차의 뒤를 이어 국내 조립차 수입을 거의 독점해 일약 국내 자산규모 1위의 회사로 발돋움하고 있었다. 공장이 인천 부평이라 서울과 가깝다는 점

[#] Knock Down. 현지 조립형 반제품.

도 이공계 대학 졸업생들의 선호도를 높이는 요소였다.

반면 울산만 매립지에서 막 첫 발을 뗀 현대자동차는 말이 조립공장이지 바닷가에 지어놓은 허름한 창고 한 동이 전부였다. 서울에서 공장까지 가려면 고속버스로 몇 시간을 내려간 뒤, 다시 고개도 들기 힘든 소형 마이크로버스를 타고 한참 동안 비포장도로를 달려야 했다.

하지만 확연히 비교되는 외양에도 내 마음은 이미 알게 모르게 현대자동차로 굳어진 상태였다. 군 시절 먼저 울산공장을 둘러 볼 때 "나중에 꼭 다시보자"며 두 손을 힘껏 움켜쥐던 김동주 공장장과 공장 사람들의 활기찬 기운도 좋은 인상으로 남아 있었다. 그리고 더 중요한 것은 미래에 대한 비전이었다. 공장 정문 사명 아래에 적혀 있던 'Assembler of FORD'라는 문구도 포드 매뉴얼로 공부했던 내게 매력적으로 느껴졌다.

국내 자동차 시장의 독과점 기업이던 신진자동차는 정부의 끊임없는 독려에도 불구하고 자동차 부품 국산화에 대해 별다른 의지를 보이지 않고 있었다. 신진자동차가 수입해 조립하는 토요타의 자동차는 새나라 자동차 이후 3년 넘게 자동차 공급이 중단됐던 택시업계에서 큰 인기를 누렸다. 더불어 경제가 성장하며 민간의 자동차 수요도 늘어나 판매대수가 계속 많아지고 있는 마당에 굳이 도전을 선택할 이유가 없었을 것이다.

반면 정주영 회장이 자동차 수리업에 종사하면서부터 구상한 한국 자동차공업의 미래상은 다른 것이었다. 새롭게 출사표를 던진 현대자동차가 출발부터 스스로 어려운 길을 선택한 것도 그 때문이라 생각했다.

현대자동차가 정부에 제출한 사업계획서에서 가장 강조한 부분은 "국내 자동차 수요뿐만 아니라 장차 우리나라 경제를 선도하는 수출전략산업으로 적극 육성하겠다"는 설립 취지였다. 수출산업 육성이 절대적인 지상과제였던 정부로서도 부진한 자동차 부품 국산화 움직임을 경쟁체제 도입으로 일신할 수 있는 좋은 기회였다.

북한 무장 간첩들이 청와대를 습격한 1·21사태, 이른바 김신조 사건으로 제대가 미뤄진 나는 1969년 6월 현대자동차의 신입사원으로 합류했다. 창고 같던 공장은 한 해 전 그대로였고, 여전히 컨베이어 벨트조차 설치가 안 돼 구형 호이스트[#]로 차대를 들어 올려 엔진과 부품을 장착하고 있었다. 하지만 반짝거리는 실린더와 피스톤, 트랜스미션이 가득한 분위기만으로도 나를 흥분시키기에 충분했다. 더 고무적이었던 것은 예의 그 약동하는 기운이었다. 생산 라인과 사무실을 가릴 것 없이 선배 사원들의 표정에서는 하

[#] Hoist. 소형 화물을 들어 옮기는 장치.

나 같이 생기와 활력이 느껴졌다.

출근 첫 날 내가 배치된 곳은 생산기술과였다. '기술'이란 단어가 들어간 부서가 그곳뿐이라 자원한 것이다. 하지만 곧바로 품질검사과로 불려갔다. 나를 호출한 이는 홍석의 품질검사과장이다. 카랑카랑하고 힘 있는 목소리에 검은 선글라스까지 쓴 그는 수송병과 ROTC 선배였다. 그의 강력한 권유로 내 소속은 입사 하루 만에 품질검사과로 바뀌었다.

이곳에서 해야 할 일은 라인검사 업무였다. 포드 코티나를 조립하는 작업자가 프로세스 시트대로 제대로 작업을 하는지 확인하는 것이다. 영어로 된 프로세스 시트는 방대한 기술용어 때문이라도 조립라인 작업자들에게 정확한 해석과 수행을 요구하기에 무리가 따랐다. 따라서 조립 이후 품질검사 과정에서 문제점을 찾아 직접 개선해야 하는 경우가 많았다. 엔진 기화기에서 지속적으로 지적사항이 발생하면 쇠톱으로 잘라 내부를 들여다보며 원인을 파악하기도 했다.

얼마 지나지 않아 완성차의 최종 합격 여부를 판정하는 임무까지 주어지며 조립부터 주행시험까지 차량의 생산 과정 전반을 들여다볼 수 있게 되었다. 그 와중에 웃지 못 할 에피소드가 참 많았다. 최종 검사를 위해 주행을 하는데 엔진과 실내에서 잡음이 자주 들렸다. 청진기까지 동원해 원인을 찾곤 했는데 용접된 차체

안에서 조립용 공구가 발견되는 일도 적지 않았다. 완성차의 주행 시험을 위해 가로등이 없는 비포장 길을 달리다 논두렁으로 돌진하는 경우도 있었다.

간혹 포드사 기술진에게 검사보고서를 제출하고 확인받는 일도 내 몫이었다. 특히 불합격 판정을 내리려면 포드사뿐만 아니라 담당부서의 책임자와 작업자들도 충분히 납득할 수 있게 근거를 제시해야 한다. 더 꼼꼼하고 치밀한 설득 자료를 준비하기 위해 늦은 밤까지 사무실의 불을 밝히곤 했다.

훗날 청와대 경제과학 특별보좌관을 지낸 이정동 서울대 교수가 그의 베스트셀러 〈축적의 시간〉과 KBS 신년기획 방송 등을 통해 한국 경제의 압축 성장 비결을 보여주는 대표적인 사례라고 거듭 언급해준 '이충구 노트'도 이 당시의 철저한 기록 습관에서부터 비롯된 것이다.

시작부터 종합 자동차 제조사를 꿈꾼 현대자동차는 포드사 제품 중 가장 배기량이 작은 코티나를 선보인 뒤 중대형인 포드 20M도 만들기 시작했다. 코티나보다 한층 우아한 디자인에 6기통 엔진이 106마력의 힘을 내뿜는 정통 세단이었다. 1969년 8월부터는 버스와 트럭도 생산했다.

어느새 연간 생산능력 2만 대 규모로 확장을 거듭한 울산공장에서는 1969년 한 해에만 코티나 5,547대, 포드 20M 756대, D-750

트럭 1,222대, R-192 버스 282대 등 총 7,807대를 생산했다. 현대차는 원래 계획보다 두 배 이상을 만들어냈고 그해 우리나라 전체 자동차 생산대수의 절반 가까이를 차지하는 기염을 토했다. 포드 관계자들도 놀랄 만큼 순조로운 출발이었다.

하지만 곧 다양한 문제들이 불거졌다. 한창 자동차 생산에 가속이 붙던 1969년 가을, 태풍 엘시로 공장이 물바다로 변했을 때도 그냥 어쩔 수 없는 자연재해라 여겼다. 비가 그치자마자 전 직원이 복구 작업에 매달린 끝에 사흘 만에 생산 라인이 정상 가동되었다. 나는 침수 차량을 분해해 엔진과 부품을 새로 교체하는 작업에 투입되었다. 물에 떠내려 온 온갖 부유물로 엉망이 된 차량을 복구하는 것은 힘든 일이었지만 한편으론 변속기를 뜯어보며 느꼈던 대학 시절의 호기심이 되살아나 내심 더 좋은 경험을 하게 됐다며 즐거워하고 있었다.

그러나 시판 중인 코티나 차량의 잦은 고장은 단기간에 해결될 만한 사안이 아니었다. 문제는 서스펜션, 히터, 라디오까지 곳곳에서 불거졌다. 심각성을 느낀 포드사까지 자체 조사단을 파견하며 원인 파악에 나선 결과는 난감한 것이었다. 미국이나 유럽의 잘 닦인 도로에 맞춰 설계된 차가 우리나라의 열악한 도로 사정에서 험하게 굴러다니며 생기는 결과라는 것이었다. 당시 우리나라의 도로 포장률은 20% 수준에 불과했다.

초반의 기세와 달리 코티나와 포드 20M은 점점 경쟁차종인 신진자동차의 코로나와 크라운에 밀려 판매 속도가 느려졌다. 엎친 데 덮친 격으로 제1차 석유파동의 불안한 그림자 속에 국제수지가 악화되며 부품을 수입해 조립하는 방식의 채산성도 점점 더 떨어졌다. 현대자동차 내부에서 '고유모델'이란 단어가 떠돌기 시작한 것도 그 무렵부터라고 기억된다.

울산공장에서 일한 지도 3년의 시간이 흘렀다. 이제 어느 정도 현장 경험도 충분히 쌓은 것 같고 자신감이 충만해지던 때에 서울 본사로 발령이 났다. 본사 기술정비부에서는 주로 공장과 필드의 정비파트에서 손을 못 대는 사안들을 해결하는 업무가 많았다. 직속 상사인 송준국 과장과 한여름 대구 K2 비행장의 뜨거운 뙤약볕 아래서 공군에 납품한 특장차를 수리하느라 땀을 한 바가지도 넘게 흘렸던 기억이 난다.

기술정비부 업무 중 하나인 각종 영문 매뉴얼의 번역도 내게 맡겨졌다. 업무가 가중돼 힘들기는 해도 울산공장에서 영문 매뉴얼의 문제점에 대해 익히 공감하고 있던 데다 자동차 전문 용어를 공부하는 재미도 있어 시간 가는 줄 모르고 신나게 일했다.

포드의 영문 매뉴얼 번역은 훗날 상상 이상의 소득으로 돌아왔다. 정확한 번역을 위해 포드는 물론 토요타와 GM 등의 매뉴얼까지 참고하다 보니 세계적인 기업들의 품질관리시스템이 머릿속에 일목요연하게 정리되었다. 그때는 미처 몰랐지만 체계적으로 쌓인 지식은 곧 다가올 신세계로의 항해에서 더 요긴하게 쓰일 터였다.

홀로서기

 "나는 오늘 이 자리에서 우리 국민 여러분에게 경제에 관한 하나의 중요한 선언을 하고자 합니다. 우리나라 공업은 이제 바야흐로 중화학공업 시대에 들어갔습니다. 따라서 정부는 이제부터 중화학공업 육성에 중점을 두는 중화학공업정책을 선언하는 바입니다."

 1973년 새해 벽두 언론의 헤드라인이 연일 박정희 대통령의 연두기자회견 내용으로 장식되었다. 한국의 경제구조를 뿌리부터 완전히 뒤바꾸겠다는 선언이었으니 그럴 만도 했다. 중화학공업 육성정책은 그간 정부가 추진해온 국산화 목표를 경공업 위주에서 중화학공업 중심의 수출주도형으로 전환하겠다는 내용이다. 여전히 공업 기반이 미약한 우리나라가 선진국을 따라잡기 위해 과감한 중간진입 전략을 선택한 것이다. 이는 곧 수출을 못하는 기업은 이제 도태 수순을 밟게 할 것이란 경고이기도 했다.

이미 설립 이념의 최상단에 '수출전략산업 육성'을 못 박아 두고 있던 현대자동차는 합작회사 설립을 더욱 서둘렀다. 새로운 기술제휴 파트너를 찾기 위한 노력도 병행했다. 세계 최대의 자동차 회사인 GM과 프랑스의 르노도 물망에 올랐다. 하지만 GM은 이미 암묵적으로 신진자동차와 손을 잡고 있었고, 르노는 검토용 도면까지 주고받을 만큼 논의가 진전됐지만 더 이상은 진척이 되지 않았다.

합작회사 설립이 가장 유력했던 기존 제휴선 포드는 현대자동차의 잠재력을 확인한 뒤부터 조건을 바꿔가며 협약 이행을 지연시키고 있었다. 장차 경쟁상대가 될지도 모른다는 우려 때문이었는지, 아니면 커가는 한국 시장에 대한 욕심이었는지 당초에 없던 경영권 참여까지 요구했다. 포드와의 관계도 파국으로 치달았다.

세계적인 자동차회사들과의 연이은 협상 결렬은 신생기업 현대자동차가 만난 첫 번째 위기 사태였다. 설상가상으로 국내 최대의 경쟁사인 신진자동차는 토요타와 헤어진 뒤 발 빠르게 GM과 합작사 설립을 도모하고 있었다.

급박해지는 상황은 정주영 회장에게 끊임없이 모종의 결단을 재촉했다. 그는 이제 스스로 운명을 개척해야 할 순간이 왔다고 판단했다. 하지만 정주영 회장이 내린 '한국 고유모델 개발'이란 결정은 곧 안팎에서 거센 반대에 부딪혔다. 이 소식을 들은 GM 회장은 그 자리에서 현대자동차의 고유모델 개발이 "분명히 불가능한 것"이라 단언했다. 다른 국내외 전문가들도 한국의 산업 환경이 세계 수준에 비해 크게 떨어지는 상황에서 정말 황당하기 그지없는 목표라고 폄하했다.

같은 시각, 고유모델 없이는 미래도 없다고 생각한 정 회장은 이미 호랑이 굴로 걸어 들어가고 있었다. 평소 친분이 있던 일본 미쓰비시 자동차의 구보 도미오 회장과 기본적인 양해각서를 주고받는 중이었던 것이다. 두 사람이 교환한 양해각서는 '최대한 협력하자'는 극히 선언적인 수준의 메모였지만 한국 고유모델 개발의 중대한 마중물이 되었다.

일본 자동차 회사들은 현대자동차와의 협력이 호랑이 새끼를 키우는 일이 될 것이라 예견해 적극적인 만남을 피했다. 더욱이 구보 회장은 2차 세계대전 당시 일본군의 주력 전투기 제로센의 엔진 개발 주역이기도 했다. 하지만 정 회장과 만나 기술 제휴의 결심을 굳힌 뒤 직원들에게 "좋은 차를 만들 수 있도록 도우라"고 지시했다는 이야기가 전해졌다. 그가 자신을 백제계의 후손이라 믿어 한국에 대해 특별한 호감을 가지고 있다는 소문도 함께 들려왔다.

정 회장과 구보 회장의 교감 이후 현대자동차와 미쓰비시의 협력은 급물살을 탔다. 1973년 출시된 신차 랜서(Lancer)의 엔진과 트랜스미션, 섀시[註] 전체 플랫폼으로 기술제휴의 범위가 속속 확장되었다. 현대자동차는 신차의 디자인을 맡길 곳을 찾아 백방으로 수소문했다. 그러던 중에 이탈리아의 카로체리아들이 피아트의 섀시를 바탕으로 여러 가지 다양한 차체를 설계하고 있다는 사실을 알게 된다.

정세영 사장은 이탈리아로 날아가 저명한 카로체리아들을 직접 만났다. 페라리와 불가분의 관계인 피닌파리나, 람보르기니를 탄생시킨 베르토네는 첫 고유모델을 개발하는 우리에게는 너무 실험적이었다. 롬바르디는 규모가 작았고, 미케로티는 실용적인 디자인이 마음에 들었지만 당시 돈 70만 달러의 거금을 요구해 우리 협상단을 깜짝 놀라게 했다. 마지막으로 방문한 이탈디자인에서는 한술 더 떠 120만 달러를 불렀다. 그런데 어찌된 일인지 현대자동차 본사에 전달된 최종 보고서에는 가장 적합한 후보자로 이탈디자인의 이름이 올라와 있었다.

당시 36세의 조르제토 주지아로가 이끌던 이탈디자인은 알파로메오의 명작 알파수드, 폭스바겐의 스테디셀러 골프 등을 디자인하며 세계에서 가장 촉망받는 카로체리아로 두각을 나타내고 있었다. 또한 누구보다 의욕적으로 현대자동차의 고유모델 디자

[註] Chassis. 프레임, 동력장치, 조향장치, 제동장치, 현가장치, 구동축 등 자동차의 기본 구조물.

인을 원했다. 현대자동차는 결국 그의 젊음과 열정에 베팅했다. 계약서에는 스타일링을 포함한 설계, 모터쇼에 출품할 프로토타입 제작에 관한 사항과 함께 현대자동차의 직원을 이탈디자인의 스튜디오에 파견해 디자인을 배울 수 있도록 한다는 조건이 포함되었다.

몇 개월 뒤 서울에 온 주지아로는 현대자동차 관계자들 앞에서 야심차게 준비한 3개의 스타일링 렌더링을 펼쳐 보였다. 그가 가장 적극적으로 추천한 것은 세단이 아닌 패스트백[#]이었다. 미국과 일본 자동차에 익숙했던 우리에게는 무척 생소한 디자인이었는데 유럽에서는 이미 골프, 르노5, 피아트127 같은 패스트백 승용차가 첨단 스타일로 각광받고 있었다.

섀시를 포함한 플랫폼은 미쓰비시 랜서, 차체 디자인은 이탈디자인으로 확정되며 마침내 현대자동차의 명운을 건 고유모델 개발이 공식화되었다. 그간 사내에 소문만 무성하던 중대 프로젝트가 일사천리로 현실화되자 중간 간부와 젊은 직원들의 민심은 요동쳤다. 조립만 해봤지 아직 도면도 이해 못하는 실력인데 어떻게 독자 모델을 설계하겠느냐는 목소리도 컸다.

[#] Fast back. 루프에서 후부까지 완만하게 경사진 면을 이루며 단이 지지 않고 부드럽게 연결되는 외관 스타일의 승용차. 옆에서 볼 때 빠른 느낌을 주는 스타일이라 패스트백이라 불린다.

나는 수뇌부의 대담한 결정에 걱정보다 흥분이 더 앞서는 부류였다. 삼삼오오 모인 직원들 사이에서 불가능한 목표라는 의견이 다수를 이룰 때도 동조하지 않았다. "이봐, 해봤어?"가 트레이드마크인 창업주의 스타일이라면 분명히 누구도 예상 못한 승부수를 던질 가능성이 있다고 예상해왔던 터였다.

정세영 사장과 전성원·신현동·이수천·이양섭 이사 등의 참모진을 필두로 속속 고유모델 개발팀의 면면이 모습을 드러내는 가운데 기술팀장을 맡게 된 상사가 건물 옥상으로 나를 호출했다. 프로젝트에 합류하라는 제의였다. 내심 기대는 하고 있었지만 막상 대한민국 첫 국산차 개발의 일원이 된다고 생각하니 심장이 요동치기 시작했다.

진용은 꾸려졌지만 무슨 일을 어떻게 해야 할지 아는 사람은 아무도 없었다. 특별한 지침도 지시도 없어 다들 각자 할 일을 찾아 서성거리기 일쑤였다. 고유모델 개발이란 말이 정확히 어디서부터 어디까지의 범위를 지칭하는 것인지도 잘 몰랐다. 그래서 다들 우리가 직접 설계해서 자동차를 개발하는 것으로 이해를 하고 있었다.

급한 김에 일단 말로만 듣던 리버스 엔지니어링이라도 해보자는 방향으로 의견이 모였다. 설계를 하고 제작을 하는 게 아니라 제품을 보면서 역으로 설계도를 만드는 방식이다. 하지만 대부분

대학 때 간신히 공업제도만 배운 정도라 설계라기보다는 습작 수준을 벗어나기 어려웠다. 매일같이 사무실 휴지통이 가득 넘쳐났다.

그래도 이렇게 한 번 맨땅에 헤딩을 해보고 나니 우리의 한계, 그리고 시도해볼 수 있을 만한 일들의 윤곽이 좀 더 분명해졌다. 다음으로 시도해본 것은 자동차 부품에 고유의 관리번호를 부여하는 '파트 넘버링 시스템'이다. 장차 우리 땅에서 우리 기술로 만들게 될 수많은 자동차들을 상상하며 적어도 백 년 이상은 누구나 쉽게 이해하고 사용할 수 있도록 만들어야 한다고 생각하니 절로 신이 났다.

막상 하다 보니 뜻밖의 암묵지가 튀어나와 생각보다 술술 일이 잘 풀렸다. 서울 본사에 처음 와서 GM, 토요타를 참고해 포드의 영문 매뉴얼을 번역했던 경험이 요긴하게 활용된 것이다. 당시 머릿속에 저장해둔 선진 자동차 기업들의 품질관리시스템을 복기하며 우리가 취해야 할 장점들을 뽑아 현대자동차 고유의 부품번호 부여 방식을 완성해갔다. 머리를 싸매고 가장 이상적인 방법을 고민하다 찾아낸 방법은 아라비아 숫자를 이용하는 시스템이다.

특히 이 작업에서 가장 중요하게 고려한 것은 지속 가능성이었다. 앞으로 승용차에서 트럭, 버스까지 차종이 얼마나 늘게 되더라도 부품 번호만 보면 바로 차종을 확인할 수 있게 할 필요가 있었다. 또 섀시와 차체 의장별로 소속도 금세 구분할 수 있는 방식을 고안하는 데 심혈을 기울였다.

이런 확장성 덕분에 당시 만든 파트 넘버링 시스템은 현대자동차가 글로벌 브랜드로 성장한 지금까지도 별 다른 수정 없이 중요한 표준 시스템으로 잘 작동되고 있다. 나중에는 정부가 만든 주민등록번호에서도 같은 방식을 채택한 것을 보며 뿌듯함은 더욱 배가될 수밖에 없었다.

그렇게 국내에서 고유모델 프로젝트의 걸음마를 떼고 있는 사이, 이탈리아 토리노에서는 주지아로의 지휘 아래 카로체리아 장인들이 수작업으로 한 해 뒤인 '1974 토리노국제모터쇼'에 출품할 현대자동차 고유모델의 뼈대를 만들고 있었다. 미쓰비시로부터 제공받은 랜서의 섀시 2대가 이미 이탈리아로 선적된 것이다.

지금 생각해보면 아이디어 스케치로부터 1년 남짓 만에 신차 설계와 2대의 모터쇼용 프로토타입 제작, 게다가 말도 안 통하는 이방인들의 도제식 학습까지 포함된 미친 계획에 선뜻 사인을 한 주지아로도 참 대단하다는 생각이 든다. 루벤스의 그림 '한복을 입은 남자' 정도 외에는 역사적으로도 큰 접점이 없던 두 동서양 국가의 만남은 그래서 더 유연하고 파격적인 융합을 가능케 했던 것 같다. 이탈리아의 뜨거운 열정과 도전적인 한국 문화의 충돌은 단순한 덧셈 이상의 특별한 결과를 만들어내는 곱셈의 콜라보로 모두를 이끌어갔다.

이대리 노트

'딸 출산. 산모 건강.'

한국을 떠나올 때 임신 중이던 아내의 출산 소식이 텔렉스를 통해 전해졌다. 국제전화 비용이 엄청나게 비싸던 시절이라 토리노와 서울 간의 연락은 주로 편지 아니면 텔렉스로 이뤄졌다. 텔렉스는 즉시 교신이 가능하지만 비용을 아끼기 위해 최대한 간결하게 주고받았다. 항공우편은 최소 한 달 이상 걸렸고 두 달이 될 때도 많았다. 보낸 순서대로 가거나 오지 않는 때도 있어 뭔가 이상해 편지에 번호를 매겼더니 중간에 사라지는 편지도 있었다. 알고 보니 우체부가 편지를 배달하지 않고 그냥 쓰레기통에 버리기도 한다는 것이다. 자주 있는 일인지 대수롭지 않게 얘기하는 이탈리아 사람들이 좀처럼 이해가 되지 않았다.

거꾸로 이탈리아 사람들도 한국의 문화를 이해하지 못하는 것이 많았다. 딸의 출산 소식을 들은 이탈디자인 직원들은 예의 그 활달한 몸짓으로 뜨겁게 축하해주면서도 한편으론 의아한 표정을 감추지 않았다. 한참 신혼 기간인 직원을 해외로 보낸 회사도, 그 제안을 선뜻 받아들인 나도 도무지 이해하기 어렵다는 표정이었다.

5명의 현대자동차 직원들이 토리노로 파견된 지 석 달째. 국산 고유모델 개발의 원년인 1974년은 그야말로 하루하루가 전쟁터 같았다. 채 한 해가 되지 않는 기간 내에 속전속결로 진행돼야 했던 프로젝트는 시작과 동시에 이미 중반으로 치닫고 있었다. 말 그대로 시작이 반인 상황이었다.

내가 이탈리아에 도착한 것이 2월, 하지만 모든 설계 업무가 12월까지 완료되어야 하는 만큼 아내에 대한 미안함, 첫 아이를 보고 싶은 마음, 현지인들의 측은해하는 눈빛도 오래 품고 있을 겨를이 없었다. 일단 급한 것이 그해 10월 말에 개최되는 토리노 국제모터쇼 출품이었다. 기존의 해치백에 더해 쿠페까지 완전히 다른 프로토타입의 실차 2대를 선보인다는 계획이었다.

이탈디자인 첫 출근 날 발테리, 페라리, 베올키라는 세 사람의 스태프와 인사를 나눴다. 그들이 안내한 설계실에서는 흰색 켄트지로 덮인 10미터 길이의 거대한 제도판과 테이블이 우리 일행을 압도했다. 그 위에 깔린 실차 사이즈의 모눈 백지 도면에 여러 사람이 달라붙어 무수한 선과 점들을 이어가고 있었다. 현대자동차에게 약속한 일정을 맞추기 위해 바쁘게 움직이던 이탈리아 직원들은 우리가 던지는 질문에 의아해했다. 어떻게 자동차 설계에 대해 이렇게 모를 수가 있냐는 표정이었다.

언어의 장벽은 초보적인 설계 지식보다 더 뛰어 넘기 힘든 장애물이었다. 설계 부문 책임자인 만토바니를 비롯해 설계실 직원 대부분이 영어를 못해 총괄 담당 엔지니어 발테리의 통역을 통해 궁금한 상황들을 전달받았다. 물론 발테리도 하는 일이 많아 대화의 시간을 갖는 게 좀처럼 힘든 것은 마찬가지였다.

자동차 부품이나 기술개발 용어는 우리가 아는 영어식 표현과 다른 것들이 많았다. 예를 들면 후드는 이탈리아어로 코파노, 트렁크는 바울레, 윈드실드는 파라브레차, 루프는 테토, 프로토타입은 프로토티포라고 했다. 한국식 영어와 이탈리아식 영어의 차이 때문에 오해도 자주 일어났다. 당시에는 한국어로 된 이탈리아어 사전도 없어 영어 사전을 뒤적이며 의미를 파악해야 하는데 자동차 전문용어들은 일반 사전에 없는 경우가 많았다.

하지만 의문은 차고 넘쳤다. 귀찮아하는 이탈리아 사람들을 쫓아다니며 끊임없이 질문을 했고, 밤마다 머리를 맞댄 채 낮에 들은 불확실한 대답들을 퍼즐 맞추듯 유추하곤 했다. 그래도 잘 모르겠으면 어쩔 수 없이 다음으로 이해를 미뤄야 했다. 질문도 어느 정도 알아야 가능하다는 것을 실감할 수밖에 없었다.

제도판의 이쪽저쪽에서 산발적으로 출발한 고유모델의 외형 차체 도면은 3개월이 지나면서 차츰 우리가 아는 자동차의 모습을 갖춰갔다. 금형 제작의 기준이 되는 마스터 모델이 다른 작업장에서 동시에 진행되고 있다는 사실도 그 무렵에야 알게 되었다. 모터쇼에 출품할 프로토타입의 도어 프레임과 내외부 패널, 의장 부품 등이 토리노 여러 곳에서 수작업으로 외주 제작되고 있었던 것이다.

당시 이탈디자인은 회사 규모가 그리 크지 않았다. 원래 자동차 디자인과 콘셉트 카 제작이 주 일거리였는데 현대자동차의 고유모델 프로젝트를 턴키로 수주하면서 사세가 급격히 커진 것이다. 창고 같던 스튜디오도 우리가 도착하고 얼마 후 토리노 교외 넓은 부지에 새로 지은 반듯한 사옥으로 이사를 갔다.

하지만 인력까지 충원하기에는 시간이 부족해 이탈리아 전역의 설계 기술자와 카로체리아 장인들을 불러 모아 현대자동차 고유모델 전담 조직을 꾸린 것이다. 부분적으로 별도의 외부 회사에 용역을 준 것도 많았고 심지어는 자택에서 임시직으로 참여하는 프리랜서도 있었다.

설계실 업무를 파악하는 것만으로도 정신이 없던 우리가 이탈디자인 나름의 틀에 따라 분업으로 진행되는 모든 작업 과정을 일일이 쫓아다니며 확인하고 배운다는 것은 불가능에 가까웠다. 하지만 가능한 하나라도 놓치기 싫어 부득불 찾아다닌 카로체리아 공방에서는 이제 제법 익숙해졌다고 생각했던 것과는 또 다른 풍경이 펼쳐지고 있었다.

현장의 이탈리아인들은 일하는 모습이 우리와 사뭇 달랐다. 콧노래를 흥얼거리며 무척 여유 있게 일하는 것처럼 보였지만 아주 빠른 시간 내에, 그것도 확실히 작업이 마무리가 되고 있었다. 그들이 만들어내는 수제품의 수준은 손으로 두드려 만든 것이라고는 도저히 믿기지 않을 만큼 완벽했다. 땀과 기름에 전 작업복 차림에도 그들의 얼굴에는 오랜 세월 명성을 떨쳐온 카로체리아 장인으로서의 자부심이 가득했다. 대학을 졸업한 자동차 공방의 경영자들은 닥터를 뜻하는 도토레로 불리며 깍듯한 예우를 받았다. 경영자나 설계실 인력들이 현장의 작업자들을 장인으로 대하는 모습도 마찬가지였다.

아침 출근부터 저녁 퇴근까지 배워야 할 것이 차고 넘쳤다. 인원이 턱없이 부족했던 우리는 결국 밤마다 낮에 보고 들은 것을 다시 확인하고 정리하는 시간을 가졌다. 나중에 필요해질 것이라 생각해 이탈디자인의 직원들이 그린 도면을 그대로 모사해서 정리했고 토의 내용을 일지 형태로 차곡차곡 기록했다. 설계 테이블, 제도용지, 제도용 펜 등의 제도용구와 설계실의 모습도 하나도 놓치지 않고 꼼꼼히 적었다. 다음날 할 일까지 분담한 뒤 잠자리에 들면 어느새 새벽으로 넘어가 있는 경우가 잦았다.

　매일 같이 반복되는 도면 정리와 일지 작성의 최종 담당자는 결국 막내인 나였다. 두서없이 어깨 너머로 배운 지식들을 문서화하는 일은 또 다른 큰 부담이었다. 덕분에 늘 마지막까지 식탁을 떠나지 못했고, 귀국해서도 출장보고서 작업을 떠맡아 코피를 쏟기도 여러 번이었다. 하지만 개인적으로는 맨 몸으로 부딪히며 선진 기술과 지식을 정리했던 이때의 경험이 이후 30년 가까이 현대자동차의 신차 개발을 진두지휘하게 된 내게 평생의 밑거름이 되었다고 믿는다.

　이렇게 이탈리아인들의 기술과 노하우를 기록한 노트는 일명 '이대리 노트'로 불리며 귀국 후 설계에 필요한 시설을 구축하는 기초자료로, 또 많은 동료와 후배들의 개발지침서로도 활용되었다. 당시 내 나이 스물아홉. 기록에 대한 나의 습관은 이후 사장이 될 때까지 계속 이어졌지만 이대리 노트에 쏟은 정성과 노력은 20대가 아니었다면 할 수 없던 일이라는 생각이 들곤 한다.

전설의 시작

제55회 토리노국제모터쇼의 공식 개막일을 하루 앞둔 1974년 10월 29일. 이날의 기억은 여전히 불주사처럼 지워지지 않는 화흔으로 내 가슴에 깊이 남아 있다. 관람객 맞을 준비를 마치고 조용히 숨 고르기에 들어간 전시회장은 대단한 위용의 자동차 회사들로 가득했다. 메르세데스 벤츠, BMW, 아우디, 포드, GM, 르노, 푸조, 시트로엥, 피아트, 란치아, 람보르기니, 페라리, 랜드로버…. 이름만 들어도 어깨가 움츠러들 법한 브랜드들이었다.

1900년에 처음 시작된 토리노 모터쇼는 파리 모터쇼에 이어 세계에서 두 번째로 긴 역사를 자랑한다. 특히 패션과 디자인으로 유명한 이탈리아에서 열리는 전시회인 만큼 자동차 제조사들은 가장 실험적이고 미래지향적인 자동차들로 세계 시장에 깊은 인상을 남기고자 경쟁했다. 그런 대열에 우리가 낄 수 있다는 것만으로 이미 기적이란 생각이 들었다.

하지만 흔들리던 내 동공은 곧 한 곳에 사로잡혔다. 그간 수천 장의 설계 도면과 부품들로만 마주했던 포니가 은빛 광택을 반짝이며 우리를 반갑게 맞이하고 있었다. 막상 현장에서 대면한 포니는 1년 가까이 머릿속으로만 꿈꿔왔던 것 이상으로 아름다운 자태를 뽐내고 있었다. 조금 전까지 어깨를 짓누르던 위축감은 눈 녹듯 사라지고 '이 정도면 한 번 해볼 만하다'는 승부욕이 샘솟았다.

감격스러운 마음은 비단 혼자만의 것이 아니었다. 포니는 16개국 65개 자동차 기업이 총 245대의 최신 자동차를 선보인 토리노 모터쇼에서도 단연 큰 화제였다. 이탈리아 현지를 비롯해 미국과 유럽 유수의 언론들이 앞 다퉈 한국 자동차의 인상적인 데뷔를 집중적으로 보도하기 시작했다.

국내에서는 더 난리가 났다. 대한민국이 마침내 세계 16번째의 자동차 고유모델 생산국이 됐다는 소식으로 TV와 신문이 도배되었다. 워낙 급하게 타전되느라 미처 기초적인 사실관계조차 확인하지 못한 경우도 많았다. 실제로 우리나라는 16번째가 아니라 9번째로 자동차 고유모델을 갖게 된 국가였다. 언론에서 발표된 16개 나라 중 8곳은 자체적인 고유모델을 개발하지 못한 수입차 생산국이기 때문이다. 당시로서는 한국산 제품, 그것도 제조업의 정점인 자동차로 세계적인 관심을 끌게 된다는 것이 상상조차 힘들던 시절이니 충분히 있을 만한 해프닝이었다.

고유모델의 정의는 여전히 서로 다른 견해가 존재하는 한국의 자동차산업 발전사의 정리 측면에서도 명확히 해야 할 사항이다. 현대자동차가 주요 자동차 생산국의 고유모델 출시 순서를 조사해 공식 발표한 것이 1995~1996년쯤으로 기억된다. 고유모델의 정의에서는 무엇보다 국적(國籍)이 중요한 기준이 돼야 한다. '자국 국적의 회사인가, 기술개발과 설계가 자국에서 진행되는가, 생산과 조립이 자국에서 이뤄지는가, 자국 내지 자기 회사 이름과 브랜드로 수출 및 판매가 자유로운가'라는 것이다.

스페인의 세아트(Seat), 러시아의 라다(Lada)는 기술개발과 설계가 국외에서 이뤄진다. 체코는 타트라(Tatra)와 스코다(Skoda)라는 고유의 브랜드를 갖고 있었지만 이미 오래 전 폐업하거나 해외의 글로벌 기업에 인수돼 체코 기업이라고 하기가 어렵다. 호주의 홀덴(Holden)은 GM의 조립생산으로 출발해 여전히 GM 어셈블러로 머물러 있기 때문에 대상에서 제외되었다.

현대자동차 부스는 열흘간의 토리노 모터쇼 기간 내내 관람객들로 북적였다. 신흥 경제대국으로 부상한 일본에 이어 새롭게 등장한 아시아 국가에 대한 호기심 때문만이 아니었다. '포니'라는 이름에 걸맞게 산뜻하고 세련된 바디 스타일링은 패스트백이라는 당대 최고의 유행을 선도하는 디자인이었다.

특히 패스트백 형태의 포니와 함께 전시된 포니 쿠페는 세계적으로도 보기 힘들었던 첨단 디자인으로 선풍적인 인기를 끌었다. 종이접기를 연상시키는 순수한 조형미와 기하학적인 선형의 포니 쿠페는 이탈디자인의 젊은 디자이너 주지아로가 작정하고 국제무대에 선보이는 야심작이기도 했다. 하지만 당시로서는 너무 앞서가는 스타일이라 시장성을 장담할 수 없어 결국 1981년 생산계획이 전면 백지화되었다. 그러던 것을 2022년, 현대자동차의 후배들이 'N비전 74'라는 콘셉트 카로 새롭게 재해석해 선보였다. 이번에도 역시 전 세계의 폭발적 반응은 마찬가지였다. 심지어 해외 유명 자동차 잡지가 "1910년대 포드, 1970년대 일본차, 21세기는 현대자동차의 시대"라고까지 평가하는 것을 보며 남다른 감회에 젖을 수밖에 없었다.

토리노 모터쇼가 막을 내리고 한 달 뒤인 1974년 12월 22일. 우리는 채 가라앉지 않는 흥분과 함께 귀국행 비행기 트랩에 올랐다. 포니의 설계 도면에 더해 유럽의 선진적인 자동차 문화까지 습득했다는 자신감이 모두를 한껏 들뜨게 했다. 김포공항에서 처음 안아 본 딸의 달콤한 향기가 더욱 용기를 북돋았다. 흡사 개선장군이라도 된 것 같은 느낌이었다.

지금 생각해보면 무식해서 용감하다는 말은 그때의 우리에게 딱 맞는 표현 같다. 자동차 선진국에서 배웠고 설계도면까지 있으니 신차의 양산은 저절로 이뤄질 것이라 생각했다. 하지만 우리의 기대가 얼마나 무식하고 순진한 것인지를 깨닫는 데는 그리 오랜 시간이 필요하지 않았다. 말이 좋아 양산 준비지 무엇을, 어떻게, 어떤 순서로 해야 할지 막막한 심정은 이탈리아로 떠나기 전과 별반 다를 게 없었다.

수많은 부품을 제작하고 조립하는 구체적인 절차는 미처 생각해볼 겨를이 없었다. 그나마 토리노에서 보고 배운 학습 과정을 꼼꼼히 기록했다는 것이 위안거리였다. 일단은 내 노트와 출장보고서를 기반으로 소형 설계부와 그 아래에 소형 바디과, 소형 섀시과가 만들어져 기초적인 양산 준비 조직이 구성되었다. 이후에 벌어질 전인미답의 일들은 당면한 시점에서 하나하나 해결해 나가는 수밖에 없었다.

울산만 매립지에서 막 첫 삽을 뜬 60만 평 규모의 거대한 종합자동차공장은 우리의 암담한 심경을 더욱 압박했다. 정주영 회장은 이탈리아에서 5명의 젊은 엔지니어들이 좌충우돌하고 있던 사이 이미 고유모델로 국내 시장을 석권하고 세계시장에도 수출한다는 대담한 계획을 실행에 옮기고 있는 상태였다. 포니를 생산하기도 전에 국제 모터쇼에 먼저 선을 보인 것도 수출에 대한 그의 의지를 표현하는 것이었다.

현대자동차는 정부의 자동차 국산화 계획보다 한참 더 앞선 전망 속에 과감한 투자를 이어가고 있었다. 미쓰비시 자동차와 가솔린 엔진, 변속기 및 뒤차축 제조를 위한 기술계약을 정식으로 체결하고 연간 5만 대 이상의 자동차를 생산할 수 있는 시설을 건설하고 있었다. 물론 그 안에 들어갈 생산라인도 우리가 배워온 지식과는 별개로 전체 과정을 새로 만들어야 할 일이었다.

만일 이런 규모의 새 공장을 완성해 놓고 양산과 수출에 실패한다면 현대자동차, 아니 이제 막 싹을 틔운 한국의 자동차 산업 전체가 위기에 빠지리라는 사실은 더없이 자명해 보였다. 그 큰 기대를 한 몸에 받고 있던 우리로서는 이제 비장한 각오로 앞으로 나아가는 것 외에는 다른 선택의 여지가 없었다. 그야말로 배수진을 친 셈이다.

우리가 받아온 도면은 대부분 외형의 레이아웃만 표현된 어셈블리 도면뿐이었다. 헤드라이트라면 겉모습만 있을 뿐 구성 부품인 렌즈, 전구, 소켓, 브래킷 등의 상세한 부분은 전혀 나타나 있지 않은 것이다. 미국이나 유럽, 일본이라면 부품업체의 성숙도가 높아 이런 어셈블리 도면만으로도 자동차 개발이 가능하다. 부품 제조업체가 상세 부품 도면을 그리고 자동차 메이커와 협의해서 승인을 받은 후 제작하는 프로세스가 가능했다. 하지만 겨우 2~3천 대 수준의 코티나 조립만 해보다 첫 고유모델 개발에 나선 현대자동차에게 제대로 된 부품업체가 있을 리 만무했다. 설령 우리 실정에 맞춰 부품 제작과 조립 정보가 담겨 있는 상세도면을 다시 그려도 국내 부품업계가 그 도면을 제대로 읽을 수 있는가는 또 별개의 문제였다. 물론 어떤 재료로 부품을 만들고, 검사하고, 시험할지도 백지 상태였다.

이탈디자인의 도면도 완벽하지 않은 것은 마찬가지였다. 서양 최대의 명절인 크리스마스 전에 끝낸다는 일정에 따라 시간에 쫓기면서 생략하거나 누락된 부분도 많았다. 내용이나 품질도 외인부대처럼 외부에서 수혈된 제도사들에 따라 천차만별 일관성이 없었다. 또 대부분의 부품 사양이 이탈리아어로 되어 있어 국내 번역자를 수소문해 번역까지 맡겨야 했다. 주는 대로 받아오면 포니가 자연스럽게 생산되는 줄 알고 있었을 뿐, 도면을 검증하거나 따질 수 있는 능력이 전혀 없었다.

한편으로는 일본 공업 규격에 대해서도 이해가 필요했다. 이탈리아 규격의 바디 부품과 달리 섀시와 엔진, 트랜스미션을 포함한 플랫폼은 일본의 미쓰비시 자동차로부터 도면을 받기 때문에 일본 공업규격에 맞춰 부품을 개발해야 하는 것이다.

신화의 이면

 '동서양의 조화'라는 어느 신문의 표현처럼 포니는 다국적 기술이 빚어낸 결정체라 할 수 있다. 이탈리아의 디자인, 일본의 섀시 기술, 미국의 대량생산 시스템이 한국이라는 교차로에서 독특한 융합의 결과물로 발전한 것이다. 그것도 재크의 콩나무처럼 세계 자동차 역사에서 유례가 없을 만큼 빠른 성장 속도로. 여기에는 또 하나 빼놓을 수 없는 여러 가지 의미의 거름이 있었다.

 모든 것을 앗아간 전쟁 이후 그야말로 무에서 유를 창조해온 한국인에게도 수많은 정밀 부품이 한 치의 오차 없이 맞아 떨어져야 제대로 작동하는 자동차 기술은 쉽게 넘기 힘든 벽이었다. 우리가 이탈리아에서 받아온 포니의 도면과 자동차를 만드는 것은 전혀 다른 차원의 일이었다. 일종의 청사진일 뿐 이면의 노하우는 전혀 제공받지 못한 것이나 마찬가지다. 1968년 말부터 수 년 간 포드차를 조립하면서 상당한 CKD[#] 조립기술을 축적했다고 하지만 어디까지나 이미 개발이 완료된 차를 사양에 맞춰 조립만 하는 단순작업일 뿐이었다. 결국 우리가 직접 도면의 기준과 차량 전체의 개발 프로세스를 새로 정립해야 했다.

준비 작업에 착수하자마자 이내 한계는 명확해졌다. 2만 여 개의 부품을 새로 만들고 조립하려면 이 복잡한 과정 전체를 충분히 경험해 본 인물이 필요했다. 상당 시간 시행착오와 논란이 거듭된 가운데 특단의 조치가 내려진다. 자동차 개발 경험이 풍부한 해외 기술자문단의 유치였다.

리더로는 영국의 BLMC(British Leyland Motor Corporation)에서 부사장을 지낸 조지 턴블이 결정되었다. 그는 재규어, 랜드로버, 미니, 오스틴, 모리스 등 무려 15개 자동차 회사가 통합 출범한 BLMC 내의 경영권 다툼에서 밀려난 인물이었다.

하지만 정세영 사장은 그가 승리자가 아니라 패배자라 더 가능성이 높다고 판단했다. 패배자는 끊임없이 자신의 패배를 만회하려고 노력하고, 그 집념이 남다른 추진력이 될 수 있다는 경험에서 우러나온 인선이었다. 이렇게 현대자동차는 미국, 이탈리아, 일본에 이어 영국의 유서 깊은-실은 유별나다고 표현할 만한 독특

[#] Complete Knock Down. 부분적으로 조립된 상태가 아닌 단품을 보내 현지공장에서 완성차를 생산하는 방식.

한 자동차 문화까지 이식받게 된다.

BLMC는 다양한 소형차 모델로 잘 나가던 영국 자동차 메이커들의 통합체로 한때 영국 자동차 시장의 40%를 차지한 거대 기업이었다. 하지만 비효율적인 경영과 노사갈등을 견디지 못해 공중분해되면서 영국병의 전형적 표본이 되었다. 조지 턴블과 기술 자문단도 이런 영국 문화에서 크게 벗어나지 않아 장단점을 신중하게 흡수할 필요가 있었다.

쇠락기에 접어든 영국 자동차 산업계 출신의 엔지니어들이었지만 여전히 과거의 영화를 못 잊어서인지 조지 턴블을 비롯한 6명의 기술자문단은 과장급 연봉 80배에 달하는 고액의 연봉과 별도의 주거시설을 요구했다. 하지만 아쉬운 쪽은 우리였기에 엄청난 대가를 지불하는 것을 마다할 수 없었다.

그러는 사이에도 포니의 숨 막히는 양산 일정은 시시각각 다가왔다. 제품개발 데드라인은 정주영 회장이 언론을 통해 밝힌 대국민 약속이었다. 당연히 시간표는 바텀업(bottom-up)이 아니라 탑다운(top-down)으로 짜였고 우리의 실력과 무관하게 흘러갔다. 1975년 6월까지 연간 5만 6,000대 분량의 엔진공장 완공, 11월까지 주조 및 단조 공장 완공, 1976년 1월 완성차 출시가 경영진의 지시 사항이었다.

이런 스케줄을 본 조지 턴블의 입에서는 그가 제일 먼저 배운 한국어가 터져 나왔다. "택도 없심더!" 영국 기술자문단의 사고방식으로는 도저히 이해할 수 없고 가능하지도 않은 일정표였기 때문이다. 2년은커녕 최소 4년은 필요한 일이라 강변하는 그들을 설득하기 위해 가뜩이나 시간에 쫓기던 우리는 또 다른 시간과 노력을 투입해야 했다.

문화적 충돌은 조지 턴블의 지도 아래 비로소 시작된 포니의 생산기술 개발 과정에서도 빈번하게 일어났다. 우리의 바람은 영국 대신 한창 상승세에 있는 일본의 자동차 기술을 익히는 것이었지만 영국 자동차 산업계에서 배우고 성장한 자문단에게서 영국 중심의 제한된 범위 밖의 기술 지도를 기대하기란 어려운 일이었다.

하지만 '부자는 망해도 삼 년을 간다'는 속담처럼 기술자문단도 도면만 가지고 시작하는 자동차 개발이 처음임에도 풍부한 생산 경험 덕분에 큰 그림을 보는 데는 역시 능숙했다. 앞으로 해야 할 일과 안 되는 일, 예상 가능한 문제점 등을 전체적으로 조망하며 속속 로드맵이 그려졌다. 우리보다 백 년이 앞선 자동차 역사를 가진 이들인 만큼 말과 행동 하나하나를 관찰하며 배우는 것도 상당했다. 기초적인 자동차 기술 용어는 물론 기어와 페달을 조화롭게 사용하는 오르막길 운전법, 좌석에 앉으면 안전벨트부터 매는 습관도 우리가 처음 접하는 신세계였다.

하지만 영국인 특유의 표면적이고 절제된 '스몰토크'는 거기까지였다. 컨베이어 벨트는 유럽의 어떤 업체가 경쟁력이 있고 금형은 일본 어느 회사가 기술력이 높은지 단편적인 정보는 제공해도 어디까지나 자문의 수준이었고 직접 나서는 법이 없었다. 업체 조사와 비교, 선정 등의 구체적인 추진은 결국 고스란히 한국 기술진의 몫으로 돌아왔다.

영국 기술자문단과 함께 본격화된 포니 양산 프로세스 개발은 이탈리아에서 가져온 도면, 2대의 수제 프로토타입 그리고 마스터 모델에 대한 검증에서부터 출발했다. 이탈디자인으로부터 넘겨받은 것은 말 그대로 설계도면뿐이어서 실제 양산에서 어떤 문제점이 발생할지 아직 전혀 모르는 상황이었다.

기술자문단은 조지 턴블 부사장과 바네트(바디 설계), 슐레이터(시험), 레이시(섀시 설계), 심슨(금형 및 프레스), 채프먼(생산기술) 등 6명이었는데 그들과 논의 과정에서 각 파트별로 대응할 시작실(proto shop)이 필요하다는 것을 깨닫고 즉시 관련 조직이 꾸려졌다. 허명래 대리는 슐레이터를 전담해 시험을 집중적으로 배우고, 김동우 과장과 나는 바네트의 파트너가 되어 바디 설계와 도면 출도 전 과정을 숙지해 나갔다.

다행히 바네트는 성실한 영국인이었다. BLMC에서 인도로 파견돼 차체 설계를 하다 합류한 그는 이탈리아로부터 입수한 바디 도면 전체를 검증하며 빠진 부분이나 각 부품의 제작 가능 여부를 꼼꼼히 확인했다. 바네트는 꽤나 느리고 답답하게 여겨질 만큼 정확성을 기하는 면이 있었는데, 지금 돌이켜보면 도면의 작은 표시 하나도 소홀히 다루지 않고 이중 표기를 찾아내며 검토한 그의 꼼꼼함이 포니 프로젝트의 성공 요소 중 하나였다는 생각도 든다.

그와 함께 한 장 한 장 도면을 검증하고 완성시켜 나가는 과정은 도면이 가진 또 다른 본질을 새롭게 알아가는 시간이기도 했다. 도면은 설계자와 부품 제작자, 생산 라인의 조립자들과 소통하는 의사 전달의 전부이자 유일한 수단이라는 사실이다. 따라서 도면을 검수한다는 것은 도면이 갖추어야 할 요소를 빠짐없이 갖추고 있는지를 확인하고 후속 공정이나 시장에서 일어날 수 있는 모든 문제들을 최대한 사전에 예측해 대응 솔루션을 준비하는 일이었다. 차체의 외형 형상을 도면화하는 작업은 이탈디자인에서 배웠지만, 도면을 완성하고 검수하고 출도하는 심화 과정은 바네트에게 배우기 시작한 셈이다.

도면의 중요성에 대한 깨달음은 나중에 실제로 차량이 생산되면서 더욱 현실적으로 와 닿았다. 도면과 조립의 실제가 달라 와이퍼가 작동되지 않는 경우도 생기고 도어류 등의 무빙 파트에서도 일관성 없는 결함들이 발견되곤 했다. 생산 단계에서 문제가 발생하면 원인 분석과 해결책을 찾는 과정이 설계도면 출도는 저리 가라 할 만큼 복잡하고 어려워진다. 이런 과정들은 어쩔 수 없이 비싼 수업료를 치르며 우리가 현장에서 몸으로 습득할 수밖에 없는 설계의 본질이었다. 이렇게 한국 실정에 맞는 토종 자동차의 설계도면이 자리를 잡아가기 시작했다.

도면의 중차대함 못지않게 시급한 일은 또 있었다. 설계를 맡는 엔지니어들의 사무실 마련이다. 이탈리아에서 스케치해 둔 자료를 바탕으로 한국인 체형에 맞춰 제도 테이블을 제작하고 도면을 눌러주는 생쥐 모양의 문진도 주물 제작해서 테이블마다 2~3개씩 올려놓았다. 차체 크기와 동일해야 하는 피아노 디포르마와 아비타 빌리타 도면(piano di forma & skin layout), 도면용 제도판은 우리 체형에 맞춰 이탈디자인의 것보다 더 크고 튼튼하게 만들었다.

새로운 공간은 새로운 활력을 불러왔다. 이탈리아 파견팀이 돌아왔을 때 갓 대학을 졸업한 6명의 신입사원(박래욱·오광준·유종철·이종인·홍동희·유낙준)과 공업고등학교를 마친 제도사 6명이 기다리고 있었다. 다들 양산 목표 일정에 맞춰야 한다는 압박감 속에서도 설계사무실은 늘 배우는 재미와 의욕이 넘쳐났다. 함께 있으면 밤새는 줄도 몰랐고, 새벽녘 허기지면 내가 사는 13평짜리 주공아파트 사택으로 몰려가 아내가 끓여주는 라면과 카레라이스로 기력을 되찾곤 했다.

정신없이 바쁜 와중에도 밤낮 없는 시험주행과 내구성 테스트는 놓치기 싫은 또 다른 재미였다. 당시 우리에게는 토리노 모터쇼에 출품했던 2대의 프로토타입 외에도 5대의 시제 차량이 있었다. 지금 같은 개념의 시험장이 있을 리 만무한 만큼 주행 시험은 방어진 바닷가를 다녀오거나 밤을 새워 경부고속도로를 주파하곤 했다.

제동성능 시험에는 울산공항 활주로도 종종 이용되었다. 물론 조수석에 앉은 후배들-이제는 모두 남양 프루빙 그라운드의 어엿한 주역들이다-과 신나게 떠들며 시험주행을 다녀온 후에는 늘 기술자문단 시험 담당자인 슐레이터의 숙제가 뒤따랐다.

비포장도로가 대부분이었던 1970년대의 한국 실정에 맞게 차를 개발하는 게 우선 목표였던 만큼 섀시 부품들이 일찍 마모되거나 내구성이 부족한 문제들의 해결이 주를 이뤘다. 비가 새거나 연료 계통의 누유 같은 원시적인 문제들도 많았다.

가까스로 상세 도면이 완성된 후에는 부품을 개발하는 작업이 기다리고 있었다. 당시 우리 부품 업계는 자동차산업에 대한 지식과 기술이 전무한 상태였다. 수출까지 계획된 마당에 검증된 해외 업체의 선정은 당연하게 여겨졌다. 당시의 대중적인 상식이라면 '미제'가 가장 튼튼하고 좋다고 여겼겠지만 우리의 생각은 달랐다. 한국의 초창기 자동차 문화는 미국의 영향이 컸다. 하지만 다국적 기술로 포니 프로젝트를 완성해 가며 그간의 환상이 상당 부분 깨지게 된다. 결정적인 교훈은 미국 기술로 설계한 영국제 포드 코티나의 경험이었다. 한국 도로 환경에는 코티나보다 일본 자동차가 더 적합하다는 택시 기사들의 평가도 잇따랐다. 미국, 유럽보다 뒤늦게 자동차 문화가 형성된 일본은 비포장도로와 산악 지형이 많았던 자국 여건에 맞춰 자동차를 개발한 경우가 많았다.

이에 따라 유럽의 자동차 생산국들보다 지역적으로 가깝고 문화적으로 친숙한 일본의 부품업계에 대한 검토가 집중적으로 이뤄졌다. 그중 현대자동차에 가장 많은 부품을 공급하게 된 것은 상대적으로 의사소통도 편하고 우리의 취향도 가장 잘 아는 일본, 특히 미쓰비시 관련 업체들이었다. 물류비도 덜 들다보니 서구의 경쟁업체보다 가격도 대부분 낮게 책정되었다.

미쓰비시 그룹은 중공업과 자동차를 필두로 국제적으로도 이미 탄탄한 명성을 쌓고 있었다. 특히 SUV인 파제로가 파리-다카르 랠리에서 우승하며 토요타, 혼다, 닛산에 이은 또 하나의 세계적인 일본차 브랜드로 성장하고 있었다. 유럽에서 태동해 미국에서 대중화 시대를 연 자동차산업의 주도권이 1차 오일쇼크 이후 일본으로 넘어가는 추세가 확연해지고 있던 시기다. 우리로서는 미쓰비시와의 기술 제휴가 선망의 대상이자 부럽기도 했던 일본의 자동차 기술을 받아들일 절호의 기회라 생각했다.

이탈디자인의 급격한 사세 확장처럼 일본 부품업체들에게도 포니 프로젝트는 유망한 사업 기회였다. 포니 마스터 모델의 전체 금형을 맡은 일본 오기하라사는 물론 주변 협력사들도 큰 성장의 발판을 마련했다고 본다. 이를 계기로 차체 조립 시 필요한 고정용 보조 기구(Jig & Fixture)도 일본에서 제작했다.

훗날 포니가 막 생산되기 시작하고 얼마 지나지 않았을 무렵, 미쓰비시 자동차의 구보 회장이 정주영 회장의 초청으로 울산공장을 방문했다. 현장을 둘러본 후 소감을 묻는 자리에서 그가 꺼낸 말은 덕담과는 거리가 멀었다. "현대자동차는 자동차가 뭔지를 모르고 조립하고 판매하고 있다"는 것이다. 밤낮 없이 뛰고 있던 우리로서는 당황스러운 일이었다.

하지만 많은 부분을 미쓰비시에 의존해야 하는 구조는 포니의 촉박한 개발 일정 속에서 거부할 수 없는 현실이었다. 결국 우리는 엄청난 수업료를 지불하며 고유모델 개발의 진정한 의미를 하나 더 일깨운 셈이다. 급박한 상황에서 서로 말은 안 해도 경영진과 기술진 모두 이심전심 마음은 한결같았다. 결국은 하나부터 열까지 우리가 직접 부딪히고 깨지면서 배우지 않는 이상 냉엄한 적자생존의 세계에서 결코 버틸 수 없다는 사실을 공감하고 있었던 것이다.

지금 돌이켜 보면 구보 회장의 발언은 우리 스스로 성장통을 이겨내야 한다는 충직한 고언이었다는 생각까지 든다. 그의 말은 특히 내게 두고두고 자극제가 되었는데, 차츰 그 진의가 무엇이었는지를 곱씹게 되는 경우도 늘어났다. 미국 시장 첫 도전에서 고배를 마셨을 때, 고객이 원하는 자동차를 고민하며 10년간 절치부심한 끝에 재도전에 나설 때처럼 시간이 지날수록 그 숨은 뜻은 더욱 실감이 났다.

이충구의
포니 오디세이

제2막

압축
Compression

PONY
ODYSSEY

초심자의 행운

1974년 말부터 1976년 초까지 꼬박 17개월.

웬만한 숫자나 날짜는 어린 시절의 일까지도 거의 완벽하게 기억하는 내게 2년 3개월간의 포니 프로젝트 기간은 이상하리만치 혼돈으로 가득하다. 공교롭게도 그나마 철저히 기록해둔 노트마저 딱 이 시기만 찾을 길이 없다. 애써 당시의 장면들을 순서대로 펼쳐보지만 내가 나비의 꿈을 꾼 것인지, 아니면 나비가 내 꿈을 꾼 것인지 도무지 뒤죽박죽 맥락을 잡기가 어렵다. 인간이 느낄 수 있는 희로애락의 최대치를 감당 못 할 만큼 압축해 경험한 탓에 일시적인 블랙아웃이 찾아온 것일지도 모른다. 어떤 회의에 서였는지 이양섭 공장장이 내게 신신당부하던 목소리가 어렴풋이 떠오른다. "이 대리가 답을 못 내면 생산라인이 설 수밖에 없는 것이구먼."

〈몰입의 즐거움〉을 쓴 미국 심리학자 칙센트미하이는 삶을 훌륭하게 가꾸어주는 것이 행복감이 아니라 깊이 빠져드는 '몰입'이라고 말한다. 몰입해 있을 때 우리는 분명 행복하지는 않다. 행복을 느끼려면 내면의 상태에 관심을 기울여야 한다. 하지만 그러다 보면 정작 눈앞의 일을 소홀히 다루게 된다. 암벽을 타는 산악인이 고난도의 동작을 하면서 짬을 내어 행복감에 젖는다면 추락할지도 모른다. 까다로운 수술을 하는 외과 의사나 어려운 작품을 연주하는 음악가는 행복을 느낄 만한 마음의 여유가 없다. 일이 마무리된 다음에야 비로소 지난 일을 돌아볼 만한 여유가 생기고 자신이 몰입 중에 한 체험이 얼마나 값지고 소중했는가를 실감하게 된다는 것이다.

　포니 개발이라는 너무나 뚜렷한 목표 앞에서 나 역시 그랬던 것 같다. 매일같이 감당해야 하는 수많은 문제들을 해결하느라 다른 생각은 할 겨를이 없었다. 그저 순간순간 닥쳐오는 일들에 내 몸과 마음의 흐름을 온전히 맡길 수밖에 없는 시간들이었다. 습관처럼 정리했던 노트마저 남기지 못했던 것도 그 때문이었으리라 여겨진다.

　1976년 2월 29일. 갖은 고생 끝에 마침내 찾아온 포니의 첫 출고일도 기억이 가물가물하다. 사진이라도 남겨놨으면 두고두고 가보가 되었을 텐데 그마저도 한 장 찍어둘 여유가 없었던 모양이다. 그렇다면 역사적인 그 순간 내가 있었을 장소는 설계사무실이었을 게다. 아마도 도면 더미에 파묻혀 여전히 산적한 문제의 답을 찾는 데 몰두해 있었을 게 분명하다.

대한민국 최초의 국산 고유모델 포니는 앞서 1975년 12월부터 본격적인 생산에 들어갔다. 정세영 사장은 개발 기간 내내 '포니가 남산을 오르지 못하면 우리는 망한다'라고 거듭 강조했다. 첫 번째로 완성된 포니의 시승회장도 남산이었다. 상공부를 포함한 정부 관계자와 기자들 앞에서 포니는 급경사 도로를 가볍게 등판하며 넘치는 힘을 과시했다. 당시 현장이 얼마나 환호로 가득했는지는 나중에 경영진의 격려 메시지를 통해서야 알게 되었다.

시장에서도 기대 이상의 반응 일색이었다. 무엇보다 시중 여론에 큰 영향을 미치는 택시 기사들이 호의적이었다. 소형차인데 포드 코티나, 독일 오펠 같은 중형차보다 엔진 힘이 좋고 하체가 튼튼하다는 평가가 이어졌다. 추월 가속이 좋아 운전하는 재미도 있고 탑승 공간과 짐을 적재할 트렁크도 넓다 보니 포니로 배차받기를 원하는 택시 기사들이 많아졌고 업계의 수요가 가파르게 치솟았다.

스타일링도 한 몫을 했다. 이미 토리노 모터쇼에서 호평을 받은 포니의 디자인은 충돌 시 앞부분이 최대한 충격을 흡수할 수 있는 롱 노즈 패스트 백(Long Nose Fast Back)이었다. 이런 유럽 스타일은 우리나라에서 처음이라 큰 관심을 불러 일으켰다. 전통적인 3박스 노치백[#] 세단과 다른 특이한 스타일 때문에 '꽁지 빠진 닭'이라고도 불리며 당시 가수 윤복희가 유행시킨 미니스커트와 함께 당대의 가장 신선한 충격으로 받아 들여졌다.

남아 있는 당시의 메모에는 언론 기사들도 간단히 요약돼 있다. '최초의 국산 고유모델 승용차. 한국인의 취향과 체격, 도로사정에 맞는 경제형 차. 마이카 시대의 도래. 현대자동차가 포드와의 사업추진이 허사로 돌아가자 이탈리아 디자이너에게 스타일링을 맡겨 한국형 승용차의 개발에 성공. 동서양의 조화.'

출시 첫해 포니는 1만 726대가 팔렸다. 전체 승용차 시장에서 43.6%의 점유율을 차지하며 단숨에 대한민국 최고의 인기차종으로 떠올랐다. 포니가 데뷔한 뒤 기존 승용차 시장의 8할 정도였던 중형차는 밀려나고 이제 포니가 주도하고 기아산업의 일제 브리사가 보조를 맞추는 소형차 시대가 활짝 열리게 되었다.

"어쨌든 해냈다." 나와 동료들은 그제야 긴 날숨을 토하며 서로의 등을 두드릴 수 있었다. 도저히 불가능할 것 같았던 일이지만 결국은 해냈다는 희열과 함께 기분 좋은 피로감이 몰려들었다. 하지만 잠시 의자에 허리를 묻을 새도 없이 다시 몸을 일으켜야 했

[#] Notchback. 옆에서 보았을 때 엔진룸, 객실, 트렁크의 구분이 뚜렷한 3박스 세단형 승용차.

다. 포니의 기하급수적인 판매량만큼 차주들의 불만 사항도 속출했다.

문제점은 그야말로 천차만별이었다. 24시간 365일 불철주야로 주행하는 택시의 부품 손상은 그래도 쉬운 문제였다. 판매 차량의 100%가 고압의 워터 스프레이 테스트를 거쳤는데도 비 온 뒤 물이 샌 차들이 있었다. 아주 미세한 구멍만 있어도 흘러 들어가는 빗물이 뒷유리의 고정 실러가 약해진 틈새를 찾은 것이다.

덜컹거리는 비포장도로를 견디다 못해 생긴 틈으로 실내에 먼지가 유입되는 경우도 있었다. 문제를 원천적으로 해결하기 위해서는 사막의 모래 폭풍을 재현한다는 더스트 터널 설비를 도입해야 할 일이었다. 엔진과 트랜스미션이 제대로 성능을 발휘하지 못하거나 서스펜션 시스템의 고무가 갈라지고 오일과 냉각수가 새기도 했다.

누가 자동차를 기계공업의 꽃이고 종합예술 작품이라 했는지 푸념이 절로 나왔다. 시도 때도 없이 밀려드는 온갖 문제 앞에서 포니 개발진은 이제 종합병원 응급실 의사나 다름없었다. 낮에는 서로 다른 원인과 증상을 찾아 필드와 공장으로, 밤에는 설계실에 모여 도면을 재검토하며 해결책을 고민했다. 하지만 엔지니어의 자리는 언제나 현장이고, 또한 현장에 있을 때 가장 빛이 난다. 낮과 밤을 새우며 도면과 현실 사이의 갭을 메우는 일은 고통스러웠지만 우리를 더욱 예리한 칼날로 다듬는 시간이기도 했다.

포니 양산차량의 기초가 된 이탈디자인의 도면과 프로토타입은 이미 완성된 차를 기준으로 한 것이었고 램프류, 에어컨과 히팅 시스템, 와이퍼 등 대부분의 부품도 현장 맞춤식으로 제작된 것이다. 그런 만큼 외형의 형상 도면만 있고 실제 제작을 고려한 도면은 전혀 없었다. 그런 상황에서도 어떻게든 최선을 다해 부품 업체들을 쫓아다니며 우리 손으로 하나씩 프로세스를 정립한 것이지만 미처 고무나 실러의 재질 같은 것까지는 생각할 겨를이 없었던 것이다.

순조로운 출발이었지만 포니는 태생적으로 급조된 상품일 수밖에 없었다. 남들이 백 년에 걸쳐 산업 환경과 공업 기반을 구축하며 터득한 자동차 기술을 단 27개월 만에 따라잡았다는 것은 분명 기적이었지만, 한편으론 망상이었다는 것도 사실이다.

"무언가를 찾아나서는 도전은 언제나 초심자의 행운으로 시작된다. 그리고 반드시 가혹한 시험으로 끝을 맺는다." 지금껏 신화로 불리고는 있지만 포니의 시작은 어쩌면 파울로 코엘료가 소설 〈연금술사〉에서 이야기한 '초심자의 행운' 같은 것이었을 수도 있다.

포니 프로젝트는 사실상 기술의 세계에는 결코 도전정신과 근면함만으로 뛰어넘을 수 없는 단계들이 존재한다는 사실을 뼈저리게 절감하는 각성의 출발점이었다. 적당히 넘긴 과정은 반드시 대가를 치른다는 교훈을 책이나 문서가 아닌 몸으로 체감하는 귀중한 경험이었고, 끝이 없는 자동차 기술의 발전에서 그 각성은 계속해서 현재 진행형이어야 한다는 신념을 갖게 했다.

동시다발 전략

포니의 폭발적인 인기가 좀처럼 식을 줄 모르던 1976년. 설계진은 여전히 출고된 차들의 문제를 해결하는 것만으로도 벅찼지만 고유모델 포니로 국내 소형차 시장을 석권한 경영진의 시선은 이미 더 거대한 목표로 향하고 있었다. 승용차부터 상용차까지 모든 차종의 풀 라인업 완성, 그리고 대망의 수출이다.

이제 겨우 고유모델 하나를 개발해본 일천한 경력의 팀에게 포니를 기반으로 왜건과 픽업을 만들라는 지시가 내려왔다. 우리는 이번에도 앞뒤 가릴 것 없이 포니의 가지치기 개발에 돌입했다. 국내에서 운행되던 수입 차종을 참고해 포니의 루프를 연장해서 늘리면 왜건이 되고, 반으로 잘라 짐칸을 만들면 픽업이 될 것이라 생각했다.

단순했던 생각만큼 포니 왜건과 픽업은 빠르게 모습을 드러냈다. 수입차들의 카탈로그를 구해 와서 포니의 스킨 도면에 왜건과 픽업을 그려 본 것이 스타일링의 끝이었다. 이렇게 뚝딱뚝딱 개략적인 시작차를 만들어보며 다시 선도를 수정하는 방식으로 작업이 진행되었다. 설계뿐만 아니라 패스트백 포니와 다른 구조의 리어 게이트를 여닫는 시험도 함께 진행됐는데 아연 합금 재질의 다이캐스팅 공법으로 제작된 부품이 잘 깨져서 보강설계로 해결책을 찾았다.

주어진 대로 또 닥치는 대로 일하던 가운데 또 다른 명령이 하달되었다. 이번에는 트럭을 개발하는 것이다. 내가 속한 소형차 바디설계 1과와 김동우 과장의 바디설계 2과가 역할을 분담했다. 그나마 포드의 D750 트럭을 생산한 경험이 있어 나름대로 조립능력은 갖췄다고 하지만 엔진을 포함한 섀시 플랫폼 설계는 역시 짜깁기식이 될 수밖에 없었다.

이렇게 탄생한 현대자동차의 1톤 트럭 포터는 엔진 정비를 쉽게 하기 위해 보조석을 들어 올릴 수 있는 형태로 만들었는데 왜건과 픽업처럼 여닫는 것이 영 시원치 않았다. 이를 해결하느라 김동우 과장이 서울 오류동의 부품공장에 가서 일주일 간 머물며 갖가지 시험을 통해 답을 찾았던 기억이 난다. 이런 초보적인 문제는 사이드미러 등에서도 발생해 설계자 파견이 반복되었다. 결국 너무 많은 일을 감당하기 어렵게 되자 1977년 1월부터는 내가 소형차 설계를, 김동우 과장이 대형차 설계를 나누어 맡게 되었다.

간신히 한 해를 넘기자 이제 한층 더 무거운 임무들이 밀려들었다. 1977년 초에 시작된 해외 출장이 해를 넘겨 1978년까지 계속됐는데 개월 수로 따져보니 근 1년 가까운 시간을 해외에서 체류한 셈이다.

포니는 출시 6개월 만에 중남미 에콰도르를 시작으로 다양한 대륙으로 수출이 모색되고 있었다. 그중에서도 가장 중요한 목표는 미국이었지만 면밀한 검토 결과 42개에 이르는 안전시험과 배기가스 및 소음 허용치를 만족시키려면 아직 우리의 실력으로는 시기상조라는 결론이 내려졌다. 두세 달 넘게 밤을 지새우며 미국 연방안전기준(FMVSS, Federal Motor Vehicle Safety Standard)의 규제와 테스트 절차를 해석하고 브리핑하던 나 역시 마찬가지 생각이었다.

경영진은 일단 자동차 수입 규정이 상대적으로 덜 까다롭게 여겨지던 유럽을 타깃으로 포니의 해외 진출 가능성을 타진하기로 했다. 그해 3개월간에 걸친 첫 출장지는 EEC(유럽경제공동체, EU의 전신)의 안전규정 테스트 기관(MIRA)이 있는 영국 버밍엄(Birmingham)이었다. 코티나 생산과 기술자문단 유치로 영국과 친숙하다는 것도 중요한 고려 대상이었다.

우리나라에는 아직 충돌 테스트라는 개념이 없던 시절이라 시속 48km로 달려와 충돌하는 차량의 굉음에 나는 벌어진 입을 다물지 못했다. 충돌 후에는 보닛이 ㄱ자 또는 ㄷ자 모양으로 꺾여야 하고, 네 개의 문짝 중 하나는 반드시 열려야 하며, 스티어링 휠이 정해진 거리 이상 뒤로 밀려서는 안 된다는 규정을 만족시켜야 했다. 운전자와 탑승자의 가슴과 머리에 미치는 충격을 정량화된 방법으로 측정할 수 있다는 것도 생소한 것이었다.

충돌시험뿐만 아니라 시트와 안전벨트의 강도, 램프류, 계기판 등 가능한 모든 시험 항목을 평가받으려다 보니 시간은 당연히 수개월이 소요되었다. 규정에 맞게 새로운 부품을 준비하거나 현지에서 문제가 발생한 부품은 다시 제작해 재시험을 치르기도 했다.

포니의 유럽 수출을 위해서는 곳곳에 도사린 크고 작은 문제들을 주의 깊게 살펴야 했다. 자동차 실내의 기준점인 H-포인트의 위치, 헤드레스트의 높이, 한국과 다른 안개등, 부품마다 각인해야 하는 EEC 안전시험 합격 마크와 가입국별로 서로 다른 승인번호 표시, 거기에 노르웨이 같은 EEC 미가입국들의 또 다른 형식 승인까지 새롭게 신경 써야 할 사항들이 무척 많았다.

1월에 시작된 MIRA의 테스트는 4월에야 완료되었다. 결과는 놀랍게도 모두 합격이었다. 특히 전면 충돌 테스트를 단 한 번에 통과하며 우리 스스로도 의구심을 품었던 차체 강성에 자신감을 갖게 되었다. 충돌 후 누유가 발생하면 안 된다는 규정도 통과하고 도어도 제대로 열렸다. 차 유리가 1평방인치 당 몇 개 이상의 조각으로 깨져야 한다는 규정도 통과했다.

　문제는 포니의 유럽 진출 교두보로 삼으려 했던 제네바 모터쇼였다. 제네바 모터쇼는 개최 시기가 하필 MIRA의 테스트가 한창인 3월이었다. 그렇다고 세계 4대 모터쇼 중 하나로 유럽의 모든 자동차 회사들이 신차를 공개하는 자리에 한국의 첫 수출차인 포니가 빠질 수는 없는 일이다. 출장 전 한국에서도 상당한 긴장감 속에 시트 컬러며 재질까지 출품 차량의 사양을 꼼꼼히 골랐던 만큼, 가능한 최고의 상태로 유럽인들에게 포니를 선보여야 할 자리였다. 영국에서 개발 중이던 시트벨트는 EEC 시험이 늦어지면서 제네바 모터쇼 출품 차량에 장착하지 못한 상태였다. 그래서 EEC 합격표시가 된 시트벨트를 들고 제네바로 날아가 하룻밤 새 장착을 완료하고 다시 영국으로 돌아왔다.

　이런 정성들이 모여 한때 미국만큼이나 우리를 주눅 들게 했던 유럽 진출은 걱정과 달리 꽤나 순조롭게 진행되었다. EEC 안전 규정을 통과한 현대자동차는 이듬해인 1978년 3월 네덜란드에 현지법인을 설립하고 유럽 공략에 나섰는데 첫해에 1,240대, 이듬해는 3,345대로 수출 물량이 계속 늘어났다. 당시 경영진의 수출 확대 회의에 참석해 기록했던 내용을 보니 네덜란드와 벨기에를 중심으로 딜러만 111개였고 이탈리아, 스위스, 프랑스와 북유럽 3개국으로도 수출이 시작되었다.

유럽에서 뜻밖의 좋은 성적을 거두고 기분 좋게 귀국을 준비하던 중, 한국에서 이양섭 공장장으로부터 급하게 텔렉스가 날아왔다. 직감적으로 무슨 일이 생겼구나 싶었다. 아니나 다를까. 다음 행선지는 서울이 아니라 중동이었다.

당시 건설 붐이 한창이던 중동은 경제적이고 실용적인 포니의 주요 고객이었다. 사우디아라비아 113대를 시작으로 바레인, 요르단, 예멘, 아랍에미리트에서도 매년 2~3천 대가 팔려나가고 있었다. 하지만 그런 열사의 땅까지는 미처 수출권으로 예상하지 못했고 지금 같은 혹한·혹서 테스트도 없을 때라 기상천외의 문제들이 불거지고 있었다.

내게 주어진 시간은 런던에서 서울로 돌아오는 길에 바레인 공항에서 연결편 항공기를 기다리는 반나절이 전부였다. 바레인 공항에 내리자마자 그 살인적인 더위에 놀라고, 문제가 있다는 현장으로 달려가 불덩이처럼 달궈진 포니의 차체에 한 번 더 놀랐다. 스티어링 휠과 글로브 박스 같은 내장재가 섭씨 100℃에 이르는 실내온도를 견디지 못하고 비틀어졌고, 검정색 시트는 강한 자외선에 색소가 모두 날아가 붉게 변색되어 있었다. 에어컨은 차가운 냉기 대신 뜨거운 바람을 내뿜었다. 국내에 차량용 에어컨 회사가 없어 일본 기업의 제품을 장착한 것인데 그것 역시 중동의 열기를 감당하기에는 턱도 없이 부족했던 것이다.

지구상에 이렇게 뜨거운 지역이 존재한다는 사실도 놀라웠지만 당장에 아무것도 할 수 없는 현실이 더 큰 충격이었다. 그저 벌겋게 익어버린 얼굴로 한숨을 내쉬는 것밖엔 할 게 없었다. 귀국 비행기 안에서는 내내 앞으로 펼쳐질 험난한 수출 길 생각에 하염없이 창밖만 쳐다볼 수밖에 없었다.

한국에 돌아온 우리는 즉시 관련 부품들의 내열성과 내자외선 성능을 재검토했다. 내열 온도는 120℃로 다시 설정했지만 국내 소재산업의 수준은 이에 못 미쳐 수소문 끝에 한국과학기술연구원(KIST)의 박사들을 울산으로 초청했다. 아마도 우리나라의 첫 번째 산학협력이 아닐까 싶다.

KIST 연구진은 직접 현지로 날아가 소재의 변형 상태도 파악하고 돌아왔다. 하지만 중동의 더위는 이들도 상상 밖이었는지 쉽게 해결책이 나오지 않았다. 촉각을 다퉈야 하는 산업현장과 달리 오랜 시간을 필요로 하는 기초연구의 특성을 이해하면서 우리는 차라리 부품업체와 직접 붙어서 문제를 해결하는 게 더 빠르겠다는 결론에 이르렀다. 예상대로 중동용 에어컨은 용량을 키우는 것으로, 크래시패드와 시트커버 등은 수입품으로 대체하는 해결책을 결정할 수밖에 없었다.

이렇게 포니가 내수뿐만 아니라 수출지역까지 고려하는 맞춤형 상품으로 한 차원 더 진화하며 연간 56,000대 규모의 울산공장은 생산능력이 곧 포화 상태에 이르렀다. 포니가 날개 돋친 듯 판매되며 국내는 물론 유럽, 중동, 중남미, 아프리카 여러 나라의 현대자동차 대리점들이 출고 대기 고객들의 성화에 시달리고 있었다. 이에 따라 울산공장은 연산 10만 대로 생산라인 증설이 추진되었다.

　포니는 탄생부터 수출까지 끝없는 문제 해결의 과정이었던 만큼 설계팀과 생산라인은 떼려야 뗄 수 없는 한 몸이면서 동시에 다양한 견해 차이로 논쟁도 많았다. 하지만 그런 우여곡절들이 쌓이고 쌓여 노하우가 되고 프로세스가 되곤 했다. 비온 뒤 땅이 굳듯 정도 더 두터워졌다.

　다양한 견해 차이들을 정리해서 결정해야 했던 나는 왠지 그런 논박과 조율의 과정에서 성취감을 느끼곤 했다. 물론 많은 일에서 내가 생각하는 결론들이 있었고 이를 설득하려 목소리를 높이곤 했지만 내 생각이 조금씩 수정되며 새로운 견해를 배워가는 과정도 재미있는 일이었다.

　어떤 문제든 간에 생각이 다른 사람들은 존재하고 이런 차이들에 대한 논쟁은 당연한 것으로 여기는 자세를 갖게 된 데는 대학 시절 경험들이 영향이 큰 듯하다. 중고등학교 시절 누려보지 못한 몸과 마음의 자유가 한꺼번에 주어지면서 과외부터 탁구, 당구, 바둑, 등산, 토론, 사진까지 꽤나 많은 활동에 동시다발적으로 몰입하게 되었다.

그중 등산과 토론은 특히 개인의 독주와 모두의 완주에 대해 많은 생각을 하게 했다. 친구들과 쌀을 한 말씩 짊어지고 설악산과 울릉도 성인봉을 헤매던 경험은 등산이든 인생이든 멀리 가려면 역시 '한 사람의 열 걸음보다 모두의 한 걸음'이 더 중요하다는 삶의 진리를 깨닫게 했다. 지식을 더 쌓고 싶어 시작한 토론 동아리는 '집단지성의 힘'과 합의된 의견만이 가지는 특유의 추진력에 대한 인식으로 확장되었다.

우리보다 앞서 세계적인 경쟁력을 확보한 일본 자동차산업에 대한 분석에서는 동시공학(Concurrent Engineering)이란 단어가 자주 등장한다. 전 단계가 끝나기 전 다음 단계를 시작해 짧은 기간 내 고부가가치 상품을 동시 다발적으로 개발한다는 게 개요다. 자동차로 치면 개발 공정의 각 부문이 꼬리를 무는 게 아니라 겹쳐서 진행돼 신차 개발 기간을 크게 단축시킨다는 것이다.

이런 내용은 일본 자동차의 대 도약기인 1980~90년대에 대한 분석인 만큼 1970년대의 현대자동차 경영진들로서는 도저히 알 도리가 없었을 게 분명하다. 그러나 묘하게도 고유모델 개발과 무수한 가지치기, 수출지역 다변화로 이어지는 포니 프로젝트의 동시 다발적인 사업 추진들과 무척 닮아 있다.

아마도 이론이 아닌 현장에서 몸으로 부딪히며 쌓은 동물적인 사업 감각이 시간 역전 현상을 빚어낸 게 아닐까 싶다. 이런 저돌성과 과감한 의사결정은 계속해서 현대자동차 특유의 아이덴티티로 자리 잡으며 훗날 정몽구 회장 시기에 '스피드 경영'이란 제 이름을 얻게 되는데, 실로 복잡다단했던 1977년이 그 원류가 아니었을까 여겨진다.

그해 내 업무노트도 당연히 크고 작은 일들이 숱하게 중첩돼 좀처럼 알아보기가 어려울 지경이다. 중요 표시가 되어 있는 것들만 추려보면 다음과 같다.

1. 연구용 샘플카 수입 품의(닛산 써니, 혼다 어코드, 미쓰비시 랜서)

2. 연구용 샘플카 테어다운(Tear Down)

3. 수출용 포니 우측 핸들 사양 개발

4. 바디설계과 → 바디설계 1, 2과

5. EEC 시험 관련 문서 영국 발송, 테스트 차량 조립 선적

6. 포니 쿠페 수출 대비 FMVSS, EEC 규정 파악 및 숙지(2월 말까지)

7. MIRA 시험 3개월

8. 포니 쿠페 프레젠테이션 모델 이탈리아 도착 후 업무 항목 점검

9. 포니 쿠페 패키지 및 설계도면 제작

10. 포니 와이퍼 링키지 설계개선 업무 2월 5일 완료

11. 1톤 포터 HD1000 어셈블리 도면 완성

12. 포니 왜건 차체 부품(1.31), 의장 부품(2.15), 인스톨레이션 도면 (4.15) 완료

13. 포니 픽업 뒷부분 설계 일부 변경

14. 기타 포니 현안 해결 및 도면 전체 업데이트

간신히 한 해를 넘기자 이제 한층 더 무거운 임무들이 밀려들었다. 영국 버밍엄에서 3개월간의 MIRA 시험을 마치고 돌아와 당면 업무들을 처리한 뒤 가을 무렵 다시 짐을 꾸렸다. 포니 쿠페의 설계용역을 맡긴 이탈디자인 사 출장이 잡혔다. 꼭 필요한 서류와 옷가지들만 챙긴다고 했는데도 6개월간의 장기 체류이다 보니 이민 가방 수준이었다. 가는 길에 병원에 들러야 했다. 그날 새벽 둘째 딸을 낳고 산후 회복 중인 아내를 만나러 가는 길이다.

갓 태어난 둘째 딸과도 유리창을 사이에 두고 상견례를 했다. 첫 아이를 6개월 만에 처음 품에 안았는데 둘째도 6개월 뒤에나 와서 안아볼 수 있겠구나 생각하니 이게 무슨 우연인가 싶다. 부은 얼굴에도 애써 웃으며 걱정 말고 잘 다녀오라 배웅하는 아내를 뒤로 한 채 김포공항으로 향했다. 인생에서 더없이 배우자가 필요한 시기마다 사라지는 남편이라니.

3년 만에 다시 찾은 이탈리아 토리노는 옛 모습 그대로였다. 하지만 우리를 대하는 현지인들의 분위기는 사뭇 달라져 있었다. 이제 홍동희, 유종철, 박세봉, 오광준 등 과장과 대리급 직원들을 대동한 팀장이 되어 돌아온 것도 있을 것이고, 더 큰 이유는 몇 년 새 몰라보게 달라진 현대자동차의 위상 덕분일 터였다. 숙소도 자취방에서 레지던스 호텔로 업그레이드되었다.

1977년 9월의 토리노 출장은 수학여행 같던 첫 출장과 달리

해야 할 일이 뚜렷한 실전이었다. 포니 양산을 위해 미뤄둔 포니 쿠페와 포니 3도어의 설계도면을 완성하러 온 것이다. 최대 2년 내에 유럽과 미국 수출용으로 개발한다는 목표가 분명했던 만큼 망설이거나 주저할 틈도 없었다.

포니 쿠페의 설계는 이탈디자인, 포니 3도어는 앞서 친분을 쌓아둔 발테리와 용역 계약을 체결했다. 이탈디자인에서 임시 계약직으로 포니의 설계를 맡았던 발테리는 그 사이 독립해 별도의 엔지니어링 회사를 세웠다. 가격도 이탈디자인보다 싼 데다 포니 양산을 준비하던 중에 한국까지 와서 마무리를 잘 해줬던 것도 가산점이 되었다.

약속된 6개월 뒤 포니 쿠페와 포니 3도어의 설계 도면을 확보한 우리는 언제든 지시만 떨어지면 모델 개발에 착수할 태세를 갖췄다. 맨 손으로 포니도 만들고 왜건과 픽업의 가지치기까지 해본 경험이 이제 무엇이든 필요하면 만들어낼 수 있다는 자신감으로 바뀌어 있었다.

하지만 앞서 잠깐 이야기한 것처럼 당시로서는 천문학적인 금액이 투자된 포니 쿠페는 결국 훗날의 부활을 기약하며 역사 속으로 사라졌다. 현대자동차라는 신생 브랜드로서는 지나칠 만큼 앞선 스타일링이 국내는 물론 해외시장에서도 쉽게 받아들여지기 힘들 것이라는 전망 때문이었다. 포니 3도어는 상세 도면까지 완성돼 1년여의 개발을 거쳐 국내 시장과 유럽 등지로 수출되기 시작했다.

어찌 됐든 당시의 현대자동차는 내수든 수출이든 '하면 된다'는 도전정신으로 충만해 있었다. 이런 내부의 분위기는 제1차 오일쇼크의 여파 속에 잠시 응축기를 거친 뒤 1979년으로 넘어가며 활화산처럼 분출했다.

신항로 개척

　시중의 자기계발서들은 대체적으로 특정 분야의 전문가로 성장하기까지 필요한 시간을 '10년'으로 꼽는다. 적어도 10년 이상의 인내와 끈기가 있어야 이를 바탕으로 한 차원 더 창조적인 도약이 가능하다는 것이다. 서서히 온도를 올리던 물이 순간적으로 끓어 넘치며 기화되기 시작하는 임계점(critical point)과도 비슷하다.

　입사 10년째인 1979년은 나와 회사 모두에게 변화무쌍한 한 해였다. 포니가 수출되기 시작하고 3년이 흐른 이 시기 나의 업무 수첩은 역시나 연말까지 해내야 할 경영진의 지시 사항과 내 나름대로 세운 5개년 계획들로 빼곡했다. 경중의 순서를 가리는 게 무의미할 만큼 다들 시급을 다투는 사안들이다. 차장으로 승진하며 소형승용차 설계팀장을 맡게 됐기 때문이다.

　내수와 수출 시장에서 일어나는 문제는 일단 촌각을 다퉈 우선적으로 해결해야 할 일이다. 포니의 페이스리프트[#]와 'Y카'라는 중형차 개발 프로젝트에는 별표가 몇 개씩이나 그려져 있다. 포니의 가지치기 모델인 3도어, 픽업, 왜건의 수출 사양도 결정을 앞두고 있다. 2월 말까지 3도어 설계 진행 여부에 대한 검토도 마치기로 했다.

먼저 1월 19일부터 열흘 간 울산공장이 완전 가동정지에 들어갔다는 기록이 눈에 띈다. 포니의 국내외 판매량이 급격히 늘어나며 연간 생산량 5만 6,000대 규모로도 모자라게 되자 급히 10만 대로 확장하는 공사다. 그런데 지금 해도 최소 3개월은 필요할 대공사를 단 열흘 만에 끝냈다는 내용을 보면 믿기지가 않는다. 라인을 세우지 않고 생산중단 기간을 최소화하려는 작전이었다. 무시무시한 속도전을 지시한 뒤 "거봐, 되잖아" 하며 특유의 순박한 웃음으로 노고를 치하했을 정주영 회장의 얼굴이 겹쳐진다. 연간 판매대수 10만 대를 바라보며 이제 수익성 개선을 위해 국산화를 촉진할 팀 구성도 장시간 논의 끝에 결정되었다.

6월에는 포니의 변경모델인 '포니2'와 제2의 고유모델인 '스텔라' 프로젝트가 구체화되었다. 같은 시기 영국 MIRA에서는 유럽

[#] Facelift. 차량 출시 후 일정 기간이 지난 뒤 외관이나 실내구성을 부분 수정하고 최신 편의사항 등을 추가하는 작업. 부분 수정을 넘어 차량의 내외관을 완전히 바꿔 후속 모델을 개발하는 경우 풀체인지라 한다.

전문가들의 의견을 수렴하며 차제 진동 문제와 유럽제 서스펜션 적용 방법 등 여러 종류의 포니2 업그레이드 평가가 진행되었다. 비로소 우리도 유럽 자동차들과 비교하며 승차감과 내구성 향상에 대해 생각하기 시작한 것이다.

비슷한 무렵 또 하나의 중요한 검토 대상은 유럽시장에서 수요가 증가하고 있던 디젤 엔진의 탑재 가능성 여부다. 수출용 포니와 코티나 마크V에 디젤 엔진을 장착하려는 시도인데 우리가 독자적으로 디젤 엔진을 개발할 역량은 안 되었기에 당시 대형차 팀과 협업하던 영국의 고속버스 디젤 엔진 제조사 퍼킨스(Perkins)의 엔지니어들과 함께 검토가 이뤄졌다. 결국 당시 기술력으로는 소음과 진동을 잡기 어려워 무산됐지만 덕분에 시작된 디젤 엔진에 대한 관심이 훗날 현대자동차가 일본보다 한 발 앞서 디젤 승용차 풀라인업을 구축하는 씨앗이 된다.

한편에서는 미국 수출 준비 단계로 연비와 배기가스 측정 기준에 대한 조사와 검토가 한창이었다. 유럽과 캘리포니아의 법규를 비교하고 다가오는 1980년대에는 어떻게 변화할지에 대한 분석도 계속되었다. 유럽과 달리 미국에서는 전면 유리창이 이중 접합 타입이어야 한다는 세부적인 내용도 처음 알게 되었다. 미국과 같은 규제를 따르지만 조금 덜 까다로운 캐나다를 먼저 두드리기 위해 현지 조사팀이 구성됐고, 각종 법규와 규정의 마지막 점검도 동시에 진행되었다.

내수시장에서 벌어지는 경쟁에도 밑줄이 선명하다. 코티나 마크V의 자동변속기 모델과 LPG 버전을 빨리 개발해달라는 판매부서의 요청도 무시할 수 없었다. 중형차인 코티나는 대우로 주인이 바뀌게 된 레코드 로얄과 판매대수 선두 다툼이 치열했다. 기아자동차는 고급 차종으로 피아트 132 모델을 1,600대 수입해 판매하고 있었다. 수입허가가 떨어진 푸조 자동차도 판매가 시작되었다.

우리는 포드의 그라나다를 도입해 생산하고 있었는데 상품성을 더욱 강화해서 독일 오펠 사의 레코드 로얄, 이탈리아 피아트 사의 피아트 132를 사양과 크기 모두에서 확실하게 제압한다는 방침이었다. 경쟁 차종을 이기기 위해 당시 최고급차의 상징으로 유행하던 루프의 비닐 탑 같은 고급사양까지 추가 적용했다.

11월 6일에는 포니2의 스타일링을 맡은 이탈디자인이 디자인을 공개했다. 펜더는 변경하고 후드는 현재의 것을 그대로 사용하자는 안이었다. 플라스틱 범퍼와 스포일러, 란치아 델타 모델 방식의 테일게이트[주], 아날로그 타입의 클러스터 디자인이 눈길을 끌었다. 이 부분은 왜 이렇게 많이 바꾸느냐는 경영진과 새로움을

[주] Tailgate. 해치백 차량에서 들어 올려 여는 뒤쪽 화물칸의 도어. 노치백 차량의 화물칸 도어는 트렁크리드(Trunk lid)라고 한다.

원하는 고객들을 위해서라는 수출판매부서의 의견이 엇갈렸다. 현대자동차에서도 풀체인지와 페이스리프트 같은 모델 변경에 대한 논의가 본격화된 것이다. 기술진은 포니에서 아쉬웠던 전기전자 부품장치의 품질과 연비 개선, 중량 저감을 달성하자고 결정했다.

이어 11월 중순에는 해외시장 확대에 대비해 전사적인 영어 능력 향상의 필요성이 제기된다. 신입사원 입사 시험은 물론 앞으로 전 직원의 승진에 영어 시험점수를 반영하겠다는 중대 예고에 사내의 민심이 출렁였다. 합격 기준을 못 채우면 회사를 떠나야 할 만큼 강도 높게 글로벌화가 추진되었다.

개인과 조직 전체의 동반성장을 위해 꼭 필요한 일이라 다짐했던 신년 초의 내 연간 계획도 서서히 윤곽을 갖춰가기 시작했다. 1979년을 독자적인 R&D 출발의 원년으로 삼자는 목표였다. 연구개발팀이 있어야 제대로 된 차를 개발하고 생산할 수 있다는 생각은 그간 외국 기업에 의존해서는 결국 아무것도 해결할 수 없다는 절실함에서 비롯된 것이다. 정세영 회장 역시 기술 독립 없이는 아무리 많이 차를 판다 한들 늘 수익률이 제자리걸음에 머물 수밖에 없다는 사실에 깊이 공감하고 있었다. 덕분에 한 해 내내 즉각적인 의사 결정들이 이어졌다.

R&D 조직 확충을 위해서는 경험 많은 인력이 필요했지만 당시 우리나라 실정에서는 어려운 일이었다. 우선 관련 전공 신입사

원의 채용을 늘려 교육훈련을 통해 내부에서 인재를 양성하는 방향으로 가닥을 잡았다. 4월에는 엔진 설계 연구부가 출범했다. 언젠가는 스타일링 디자인도 우리 손으로 하겠다는 꿈에 따라 산업 디자인을 전공한 경력사원들도 대거 채용했다.

정주영 회장도 자동차 디자인에 관심이 각별했다. 아무리 바빠도 신차의 최종 디자인은 반드시 본인이 직접 확인했다. 반면 전문가들을 존중해 생각이 달라도 디자인에 대한 의견을 내는 데는 극히 신중했던 것으로 기억된다. 대한체육회 회장을 맡았던 정 회장은 LA올림픽 등에서 여자 양궁선수들이 크게 활약하는 모습을 보며 여성 디자이너들의 역량에 대해 믿음이 커서 꼭 여성 디자이너도 채용해야 한다고 강조했다.

신입사원들은 서울과 전국 각지에서 선발되었다. 그런데 얼마 지나지 않아 수도권의 경쟁사로 이직하는 경우가 많았다. 울산 생활이 주거와 결혼, 육아 등 생활면에서 전반적으로 열악했기 때문이다. 백화점과 놀이공원은 물론 극장 같은 문화시설도 빈약했다. 집집마다 장작을 패서 난방을 하고 종종 연탄가스도 마시던 사택 생활, 간단치 않은 아이들의 진학 문제 등으로 아내를 힘들게 했던 나 역시 공감할 수밖에 없는 상황이었다.

생각 끝에 부평의 새한자동차로 직접 찾아갔던 기록도 있다. 인재 빼가기에 대해 신사협정을 맺자고 찾아간 것이다. 올라간 김에 설계 사무실을 돌며 울산에서 옮겨 간 이들과도 한 사람 한 사람 모두 눈을 맞추며 인사했다. 그날 이후 확실히 이탈자의 수는 줄었지만 이런 무언의 압박이나 통사정이 근본적인 해결책은 될 수는 없었다. 내 선에서 더 이상 어찌 해 볼 수 없는 일인 만큼 경영진에게 솔직히 상황을 보고했다. 이제 다시 한 번 왕회장의 놀라운 결단을 기대하는 수밖에 없었다.

어찌 됐든 이른바 '울산 핸디캡'에도 불구하고 충직하게 버텨주는 직원들과 함께 그해의 또 다른 주요 목표였던 해외 샘플의 자료화에 매달렸다. 아우디, 미쓰비시, 닛산, 혼다, 토요타 같은 회사들의 차들을 속속들이 연구하는 테어다운(tear down)이다. 차 한 대를 완전히 분해해 차체와 부품의 구조, 재료, 두께, 중량 등을 비교 정리하는 것이다.

처음에는 차가 비싸서 궁금한 부분만 풀어보고 다시 조립하다가 나중에는 재조립이 불가능한 수준까지 분리했다. 특히 무게에 대해서는 부품별로 그램 단위까지 정밀하게 비교표를 만들었다. 이렇게 2~3년간 정리한 자료와 비교표는 향후 X카와 Y카 등의 신차 개발과 부품 국산화의 중요한 데이터로 활용될 터였다.

1979년 7월 18일에는 우리나라의 한국자동차공학회가 출범했다. 부품의 품질 문제를 체계적으로 해결해 나가는 데 큰 힘이 될 것이란 기대를 안고 차체 분과 위원장을 맡아 적극적으로 참여하기 시작했다. 11월 말에는 정부가 수여하는 수출진흥유공 대통령 산업포장 수상자로 선정됐다는 소식도 본사로부터 전해졌다. 함께 고생한 직원들을 대표해 포니 개발에 기여한 공로를 인정받은 것이다.

선공후사(先公後私)를 평생의 신조로 중히 여기던 탓에 민망하기도 하고 또 워낙 일에 치여 살던 때라 특별히 여겼던 기억도 없었는데 지금 노트를 되짚다 보니 학창 시절 빛바랜 상장을 찾은 것처럼 즐거운 미소를 머금게 된다. 수상을 겸해 그간 일에 쫓겨 돌보지 못한 어린 두 딸과 아내를 태우고 1박 2일로 짧은 서울 여행을 다녀온 것도 좋은 기억으로 남아 있다.

첫 번째 암초

1979년은 나라 안팎으로도 격변기였다. 이란 혁명과 연이은 이란-이라크 전쟁이 제2차 중동 석유위기를 촉발하며 전 세계적인 유가 폭등으로 이어졌다. 현대자동차 역시 세계 경기 침체에 따른 수출과 내수 부진으로 재고가 쌓여 라인별 휴무에 들어갔다. 12월 중순에는 어쩔 수 없이 약 1,600명의 직원까지 감원하게 된다.

10월 26일에는 박정희 대통령이 서거했다. 이는 특히 정부의 중화학공업 육성정책에 따라 대규모 투자를 거듭해오던 국내 산업계에 큰 혼란을 야기했다. 새로운 집권 세력은 언론 통폐합에 이어 기업 통폐합 조치를 발표했다. 명분은 중화학 분야의 무리한 중복투자를 방지하겠다는 것이다. 자동차 산업도 포함되었다. 정주영 회장은 일주일을 버티다 결국 오랜 기간 육성해 온 발전설비 분야 대신 자동차를 지켰다. 발전설비는 포기해도 다시 시작할 수 있지만 자동차는 그럴 수 없다는 게 정 회장의 생각이었다고 한다. 현대자동차가 아니면 엔진부터 부품까지 자동차 완전 국산화의 꿈은 물 건너갈 것이란 설득도 주효했다고도 전해진다.

이는 당시 세간의 인식과도 일치했다. 한국의 대표 기업인 대우, 삼성, 현대는 창업주의 경영 스타일에 따라 각각의 고유한 캐릭터를 갖고 있었다. "대우는 남이 만든 것, 삼성은 잘 팔리는 것, 현대는 직접 만든 것을 팔아야 한다"는 것이다.

영화 '명량'에는 홀로 적과 맞서다 소용돌이에 휩쓸린 충무공의 장군선을 작은 고깃배들이 힘을 합쳐 끌어내는 장면이 나온다. 당시 현대자동차의 사내 분위기도 크게 다르지 않았다고 생각한다. 정 회장의 결단은 가뜩이나 부품 국산화에 대한 열망이 커져가던 구성원들의 마음과 화학작용을 일으키며 현대자동차 호가 좌초 위기에서 벗어나 더 넓은 대양으로 나아가게 하는 중요한 동력이 됐다.

만일 당시 압박에 굴복하거나 머뭇거렸다면 오늘날 한국의 자동차 산업은 어디쯤에 위치해 있을까? 미국의 빅3 자동차 회사 중 한 곳에 운명을 맡기고 그들과 같이 쇠락의 길을 걷고 있거나, 말레이시아나 인도네시아처럼 아직도 제 방향을 못 찾고 있을 것이다. 다행히 잘 풀렸다고 해도 캐나다나 호주 이상의 위치는 기대하기 어려웠을 게 분명하다.

물론 이는 결과론일 뿐, 1979년의 현대자동차는 부품 국산화나 독자 엔진 개발 같은 요원한 꿈과 달리 여전히 연안의 암초 지대를 헤매고 있었다. 판매된 차들에서 끊임없이 원시적인 결함들이 보고되고 있었고, 미국 시장을 정조준해 야심차게 출발한 신차 프로젝트 앞에는 전혀 예상치도 못한 암초가 도사리고 있었다.

자동차 개발과 생산에 이르는 모든 기술을 우리 것으로 만들어야 한다는 생각은 최상층 경영진부터 말단 직원들까지 모두의 절대적인 지지를 받았다. 하지만 이미 포니를 수출까지 하고 있는 마당에도 관련 부품을 만들어줄 수 있는 회사는 국내에서 찾기가 어려운 상황이었다. 문제가 발생해도 머리를 맞대고 함께 고민할 부품기업이 단 한 곳도 없어 해외로 눈을 돌릴 수밖에 없는 구조는 굴욕감은 둘째 치고 기업 수익의 악화로 이어질 수밖에 없다.

당시 노트에 기록한 대표적인 부품 문제들이 1979년의 한국 자동차 산업 수준을 이해하는 데 단초를 제공해줄 수 있을 듯하다. 첫 번째는 배기가스가 새는 파이프, 두 번째는 충격흡수장치(shock absorber)의 편마모, 세 번째는 에어클리너에서 발생하는 소음이다. 이 세 가지 문제는 소재, 기계, 화학 등 원인이 복합적이라 해결까지 굉장히 오랜 시간이 걸렸다. 중국 자동차 회사들도 현재 이와 유사한 문제로 골머리를 앓고 있는 것으로 알고 있다.

이 밖에도 풍절음[註], 뻑뻑한 스위치, 새 차인데도 얼마 못가 헐거워지는 선바이저, 조잡한 콘솔박스, 광택이 다른 몰딩들, 주행 중에 빠져서 차와 같은 방향으로 굴러가며 도망가는 휠 캡, 빗물이 고여 출렁거리는 헤드램프, 차량마다 점멸 속도가 다른 방향지시등, 차체에 묶어주는 행거가 헐거워지거나 끊어져서 차체를 때리는 머플러, 타이어 편마모와 부족한 접지력으로 제동 시 차가 한쪽으로 쏠리는 현상, 열이 나는 브레이크 라이닝과 드럼, 냉각수가 새는 실린더 블록, 작동 불능 상태의 스타터 모터, 직진 안정성이 떨어지는 스티어링 휠까지 예측을 불허하는 문제들이 내외장재 전반에 걸쳐 들쑥날쑥 일관성 없이 쏟아졌다.

재미있게도 포니가 아주 고급 차종이었던 첫 수출국 에콰도르에서는 이런 문제가 거의 제기되지 않았다. 하지만 유럽과 중동은 달랐다. 나라마다 각양각색의 클레임이 끊이지 않는 데다 해외 부품 협력업체들도 속수무책인 경우가 많아 유럽 현지에서 생산되는 부품을 넣어 출고하는 방법으로 해결할 수밖에 없었다.

자동차를 아는 사람이 거의 없어 개발 단계에서 피드백을 얻기 어려웠던 국내에서도 포니로 가속화된 자동차 문화 대중화의 바람을 타고 차츰 다양한 의견들이 개진되고 있었다. 우리나라 최초

[註] 주로 고속주행 시 차량 속도와 바람의 방향 등에 따라 실내로 유입되는 고주파의 마찰 소음.

의 리콜 캠페인도 이때였다. 문짝을 여닫는 다이캐스팅 제품이 취약해서 부드럽게 여닫히지 않았고 심하면 억지로 열다가 손잡이가 파손되는 경우도 있었다.

문제 차량들의 수리에 생각지도 못한 큰 예산이 들어가며 부품업체의 동반성장 필요성에 대한 인식은 더욱 확고해졌다. 현대자동차 내부에서 '감성품질'이 언급되기 시작한 것도 이 무렵이다. 포니의 겉모습은 이탈리아에서 디자인을 해온 덕분에 촌티를 벗었지만 선진 유럽의 고객들은 분명 자국이나 독일산 차들보다 고장도 잦고 마무리 수준도 어딘가 부족한 내외장재들을 확인해가며 고개를 저을 수밖에 없었을 것이다.

장기적으로 2만 개가 넘는 자동차 부품의 대부분을 우리 기술력으로 생산할 수 있어야 한다는 목표는 확실했지만 단번에 해결할 수 있는 일이 아니라는 것도 분명했다. 특히 국내 부품업체를 선정한다는 것은 현대자동차의 미래 경쟁력을 좌우하는 중요한 요소이기 때문에 차근차근 단계를 밟아가야 할 일이다.

우선 국내에서는 유망 산업으로 떠오른 자동차 부품에 진출하고자 하는 곳들은 많았지만 경험 있는 업체는 단 한 곳도 없었다. 일단 수입차 부품을 조립해봤거나 보수해본 업체들을 추려갔다. 가까운 울산은 단 한 곳도 없었고 대부분 인천 남동공단과 부산, 대구에 몰려 있었다. 이 과정에서 국산화율과 품질 비교, 가격 비교 등의 국산화 계획이 세워지기 시작했다. 수출 3년차를 맞은 포니는 점차 고유모델의 개념을 넘어 부품공업까지 한국자동차산업 전반의 동반성장 프로젝트로 확장되고 있었다.

일본 업체들은 마음을 열기까지는 시간이 많이 걸린다. 하지만 일단 협조하기로 마음먹으면 그 다음부터는 상당히 적극적으로 도움을 주었다. 함께 머리를 맞대고 우리가 제시하는 도면을 살펴보며 오랜 경험을 바탕으로 수정이 필요한 부분들을 짚어주었다. 당연히 큰 비용을 지불해야 하는 관계이고 일본 방식과 표준에 맞추느라 인력과 시간도 많이 소요되는 일이었지만 배울 점이 많았다. 완성차 회사와 부품회사의 협력 구도가 어떻게 정립되어야 하는지를 파악하며 국내 부품공업의 육성 방향을 그려볼 수 있었기 때문이다. 이때의 경험을 바탕으로 현대자동차는 성장 가능성이 높은 국내 부품업체들에 대해 자금까지 지원하며 해외 선진업체들과의 기술제휴를 적극 유도하게 된다.

다사다난했던 1979년의 가장 큰 결정타는 앞바퀴 굴림 문제의 대두였다. 당시 현대자동차는 유럽을 포함한 전 세계 44개국 포니 수출에 이어 자동차 시장의 가장 큰 승부처가 될 미국 수출을 계획하고 있었다. 그에 앞서 전초전으로 캐나다에 진출한다는 복안에 따라 포니의 후속 차종인 포니2 개발을 서두르는 중이었다. 물론 미국시장에서의 진검승부를 위한 비장의 무기는 따로 준비되고 있었다. 현대자동차가 그저 그런 군소 회사로 남을지, 아니면 글로벌 메이커로 성장할지를 결정하게 될 'X카 프로젝트'가 바로 그것이다.

그러나 현대자동차의 미래가 걸린 X카 프로젝트는 닻을 올림과 동시에 거대한 암초를 만나게 된다. 상품기획이 한창이던 중에 앞바퀴 굴림 방식이라는 생소한 단어가 등장한 것이다. 앞바퀴 굴림 방식은 1950년대 이탈리아의 란치아가 가장 먼저 개발을 시작한 시스템으로 기존의 뒷바퀴 굴림과는 전혀 다른 플랫폼이었다. 동력전달 축이 앞쪽에 놓이는 구조라서 완전히 새로운 장르의 자동차 플랫폼인 것이다.

앞바퀴 굴림 방식은 엔진과 트랜스미션 같은 주요 부품들이 두 개의 앞바퀴 사이에 배치되기 때문에 뒤 차축으로 가는 프로펠러 샤프트가 필요 없다. 따라서 실내 바닥의 터널이 없어져 공간이 넓어진다. 제작비용에서도 우위에 있었다. 하지만 앞바퀴가 구동과 조향을 동시에 해야 하는데 그에 필요한 정밀 가공기술이 따라주지 않아 개발이 부진한 상태였던 것을 독일과 일본이 마침내 등속조인트(CV Joint) 개발에 성공해서 곧 미국 수출 소형차에 적용하게 된다는 것이다.

캐나다에서 성공한 뒷바퀴 굴림 포니가 미국에서도 충분히 통할 것이라 믿으며 개선 작업에만 집중하고 있던 우리는 큰 충격을 받았다. 급변하는 기술의 세계를 전혀 눈치 채지 못하고 있다가 느닷없이 머리를 세게 두들겨 맞은 사람처럼 멍한 상태가 될 수밖에 없었다. 앞바퀴 굴림 방식에 대한 우리의 지식은 사실상 전무한 상태였다. 우리가 미쓰비시로부터 비싼 돈을 들여 포니의 뒷바퀴 굴림 플랫폼을 도입하고 있을 때 유럽과 일본의 선진 메이커들은 이미 앞바퀴 굴림 방식의 시대로 넘어가고 있었다.

앞바퀴 굴림 방식을 채택하려면 기존의 엔진이나 변속기 사용도 어려운 만큼 생산라인 전반에 걸쳐 큰 비용 투입이 불가피하다. 이미 포니 전용 엔진과 변속기 생산 시설은 완성 단계에 이른 상태다. 여기서 다시 한 번 앞바퀴 굴림 형태의 X카를 위해 엔진과 변속기 도입 계약을 바꾸고 등속 조인트 기술까지 새로 도입하는 막대한 재투자를 해야 한다는 것은 가히 제2의 창업에 버금갈 만큼 중대한 결심을 필요로 하는 일이었다. 비슷한 시기에 동시 진행되고 있는 뒷바퀴 굴림의 Y카 프로젝트도 전면 재검토가 불가피했다.

앞바퀴 굴림 방식과 관련한 막전막후의 상황들은 그야말로 밤을 새워 이야기해도 모자랄 만한 일이다. 또한 X카 프로젝트의 향배에 가장 큰 영향을 미친 사건인 만큼 뒤에서 다시 한 번 상세히 다루도록 하겠다.

극비 프로젝트 '스텔라'

유쾌한 인문학 강의와 저서들로 유명한 문화심리학자 김정운 박사는 '창조는 편집'이라고 말한다. 세상의 모든 창조가 이미 존재하는 것들의 또 다른 짜깁기라는 것이다. 그는 다른 이들보다 한참 앞서부터 21세기 가장 창조적인 인물로 손꼽히는 스티브 잡스의 탁월한 능력이 따지고 보면 '편집능력'이라고 말해 왔다. 오랜 그의 주장은 스티브 잡스 사후 세계적인 베스트셀러 <아웃라이어>의 작가 말콤 글래드웰이 "스티브 잡스의 천재성은 디자인이나 비전이 아니라 기존의 제품을 개량해 새로운 제품을 만들어 내는 편집 능력"이라 언급하며 더욱 신뢰도가 높아졌.

김정운 박사는 또 모든 창조적 행위가 재미이자 유희라고도 강조하는데 내게는 현대자동차 최초의 중형급 고유모델인 '스텔라'의 개발 과정이 꼭 그러했다고 생각된다. 비록 포니 단 한 차종뿐이었지만 그간 우리가 경험하고 축적한 기술력과 노하우 위에서 미국, 독일, 일본, 영국, 이탈리아의 플랫폼 중 우리에게 가장 잘 어울리는 요소들만 선별적으로 취사선택해 전혀 새로운 자동차를 창조하는 짜깁기 맞춤형 기술 개발, 이른바 테일러드 엔지니어링 (Tailored Engineering)의 첫 성공사례였기 때문이다.

포니가 파란을 일으키면서 중형급 고유모델 개발에 대한 안팎의 요구가 점차 높아지기 시작했다. 특히 그간 판매해 오던 영국산 포드 코티나가 독일제 수입차인 레코드 로얄에 비해 그다지 평이 좋지 않았던 점이 이런 분위기를 더욱 고조시켰다. 소비자들 사이에서는 코티나보다 독일이나 일본제가 더 낫다는 인식이 퍼지고 있었다.

우리로서도 인정할 수밖에 없었다. 당시 유럽은 영국을 중심으로 노조의 파업이 최고조에 달하면서 부품의 품질은 물론 공급도 제대로 이뤄지지 않았다. 어떤 때는 서로 다른 부품들이 한 상자에 섞여 실려 오는 황당한 경우도 있었다.

배기량을 기준으로 하는 자동차세도 문제였다. 한국은 1,500cc를 기준으로 세금이 부과되는데 코티나는 영국산 1,600cc 엔진을 달고 있었다. 소비자와 판매사원들은 차라리 더 힘도 좋고 세금도 싼 포니의 1,400cc 엔진으로 코티나를 만드는 게 낫겠다고 성화였다. 하지만 우리 실정에 맞게 코티나의 성능을 개선하고 싶어도 포드가 설계를 변경해줄 리는 만무했다. 현대자동차가 포니의 독자 개발을 결정하면서부터 포드와의 관계는 이미 금이 가 있는 상태였다.

이런 가운데 유럽의 딜러로부터 포니 픽업의 하중을 0.75톤 내지 1톤으로 늘릴 수 없냐는 요청이 들어왔다. 그 정도 중량을 감당하려면 소형차인 포니 플랫폼으로는 부족하고 중형차 플랫폼은 돼야 한다. 당시는 시장의 어떤 요구에도 거절하는 법이 없었던 때다. '노(No)'라는 말은 창업주는 물론 현대자동차 구성원 누구의 사전에도 없는 단어였다. 당연히 중형차 개발은 거스를 수 없는 사안이 되고 있었다.

한편 일본 자동차 회사들은 토요타 캠리, 혼다 어코드 같은 중형차들의 수출에 주력하고 있었다. 소형차보다 수익성이 좋기 때문이다. 수출 담당자들은 포니가 해외 시장에서 이 정도로 반응이 좋으면 중형차도 충분히 해볼 만한 것 아니냐며 자신감을 피력했다. 하지만 우리에게는 중형차 플랫폼이 없었다.

기술제휴를 맺은 미쓰비시에 갤랑이라는 중형차 모델이 있었다. 하지만 또 다시 손을 벌리는 것은 경제적으로도, 심리적으로도 받아들이기 어려운 분위기였다. 사내 어느 누구도 이심전심 미쓰비시의 중형차 플랫폼을 도입하자는 얘기를 입 밖에 꺼내지 않았다. 비싼 로열티를 지불하면서 미쓰비시와 추가적인 기술제휴를 논의한다는 것은 실무진에게도 경영진에게도 금기사항에 가까웠다. 그만큼 포니 개발 과정에서 쌓인 설움과 어려움이 많았다.

결국 수입차 조립과 단 한 번의 고유모델 개발에서 얻은 경험을 바탕으로 새로운 중형차 고유모델을 만들어보자는 의견이 대세를 이루게 되었다. 그간 포니의 개발과 양산, 다양한 가지치기 모델과 국내외 현장의 수많은 문제들을 해결하며 쌓인 자신감이 없었다면 시도해볼 생각도 못했을 프로젝트였다. 어디 소형차뿐인가. 우리에게는 이미 1톤 트럭 포터까지 개발해본 경험도 있지 않은가.

이미 산적한 업무들로 허리가 휘고 있는 중에도 뭐가 또 그리 신이 났는지 모르겠다. 1978년 12월 구체화된 스텔라 프로젝트는 이듬해 4월까지 플랫폼 확정, 6월 초에는 차체·전장품·의장품 설계에 착수하는 것으로 일정이 짜였다. 또 다시 무모한 도전이 시작된 것이다.

누구의 구속도 없이 우리 마음대로 저질러 볼 기회가 생겼다는 해방감에 갖가지 아이디어들이 번뜩였다. 섀시플랫폼은 코티나 섀시를 기본으로 하여 개발하고, 차체는 코티나에서 문제가 되는 부분을 포니와 그라나다, 사전에 테어다운으로 조사해둔 여러 해외 샘플카들과 비교하면서 새롭게 보강하는 방향을 모색했다. 엔진은 미쓰비시 기술제휴로 생산하고 있던 1,400cc 새턴 엔진을 넣으면 된다. 성에 차지 않으면 한 급 위 대형차인 그라나다의 V6 엔진을 탑재할 수도 있다. 기타 엔진과 섀시 부품은 당시 시점에서 가능한 국산화 부품을 전면 적용하기로 결정했다. 당시 부품을 구매하고 국산화 여부를 결정하는 자재본부는 이철근 이사 지휘 하에 있었고, 그의 넓고 여유 있는 포용력으로 정주화 이사가 이끌고 있던 연구소나 이승복 부장 산하인 생산기술부문 의견을 잘 반영하면서 무리 없이 순탄하게 진행되었다는 생각이 든다.

당시 사내 모두가 한마음이었던 감성 품질 개선에 대한 전폭적인 지지에 힘입어 부품 고급화에도 많은 노력을 기울였다. 크래시 패드와 시트 같은 고급 내장재와 더불어 조향장치와 제동장치는 세계 유명 자동차들에 적용되던 미국이나 유럽의 TRW, 걸링의 시스템을, 쇽 옵소버는 독일 부품을 채택했다. 다기능 스위치, 에어컨 시스템 등은 일본 업체들과 직접 거래를 하기로 결정했다. 미쓰비시에는 당연히 비밀에 부쳤다. 결별을 앞둔 포드에 대해서도 철저한 비밀 유지가 필요했다. 이들이 알게 된다면 현대자동차의 독자 개발 시도를 무산시키려 할 게 분명했기 때문이다.

스타일링은 다시 한 번 이탈디자인에 맡기는 게 당연시되던 분위기였다. 스타일링 승인에 사용되는 프레젠테이션 모델까지 주지아로가 부르는 대로 지불하기로 했다. 디자인은 당시 세계적인 추세였던 롱 노즈 웨지(Long Nose Wedge) 스타일로 확정되었다.

쐐기 모양으로 공기저항을 완만하게 하면서도 독특하고 안정적인 외관이 국내뿐만 아니라 해외에서도 충분히 통할 만 했다. 더불어 전후부에 적용되는 랩어라운드(wraparound) 방식의 플라스틱 범퍼와 방향지시등, 다이렉트 글레이징(direct glazing) 공법의 윈드실드와 백라이트까지, 이탈리아에 있던 시절 선망의 눈으로 바라봤던 아우디 80(현재 A6)과 비교해도 손색없는 중형차를 우리 힘으로 직접 만들어낸다는 계획에 우리 엔지니어들은 더욱 꿈에 부풀었다.

1983년 본격 출시된 스텔라는 한국을 대표하는 간판급 중형차로 평가받으며 오랜 시간 많은 사랑을 받았다. 1985년에는 캐나다에도 상륙해 앞서 진출해 한창 인기몰이 중이던 포니2와 함께 현대자동차의 캐나다 시장 점유율을 쌍끌이하며 일본과 미국의 자동차 산업계를 긴장시켰다. 이를 계기로 우리나라 최초의 대규모 자동차 구매단인 캐나다 판매대리점 사장단 336명이 울산공장 방문과 구매 상담을 위해 내한하기도 한다.

소형차 포니에 이어 중형차 스텔라까지 도로에서 만나게 되니 한국인으로서 더 큰 긍지를 느끼게 됐다는 해외 교포들의 찬사도 속속 전해졌다. 한 발 더 나아가 스텔라는 또 다른 큰 영광도 안게 된다. 정주영 회장은 특유의 기지와 추진력으로 바덴바덴 IOC 총회에서 일본 나고야를 제치고 "쎄울(Seoul)"이란 이름이 울려 퍼지게 만든 주역이었다. 서울올림픽의 공식 승용차로 지정된 스텔라는 그런 정 회장의 자존심을 다시 한 번 재확인시키는 존재가 되었다.

현대자동차가 직접 설계하고 플랫폼을 구축한 최초의 중형급 고유모델 스텔라는 산업사적 관점에서도 여러모로 특별한 의미를 갖고 있는 자동차이다. 첫 번째는 중산층이 급격히 늘기 시작한 1980년대의 사회 분위기와 맞아 떨어지며 우리나라의 모터라이제이션 시대를 여는 도화선이 됐다. 자동차, 특히 중형차가 경제적 여건이 향상된 한국인들의 주요 구매품목이 되는 데 기폭제가 된 것이다. 또한 스텔라의 성공은 국민차로 불리게 된 쏘나타에 이어 준중형차 붐을 일으킨 엘란트라와 아반떼의 밑거름으로 이어졌다.

두 번째는 포니에 이어 중형급 고유모델까지 개발하며 우리나라 자동차산업 전반에 큰 자신감을 심어줬다는 것이다. 현대자동차는 스텔라 생산을 계기로 코티나, 마크V, 그라나다를 순차적으로 단산했고 포드의 그늘을 벗어나 마침내 독자 노선을 걷기 시작한다.

세 번째는 부품 국산화를 가속화하는 시발점이 됐다는 것이다. 국내 부품공업의 태동과 더불어 전 세계 부품업체들과도 자유롭게 거래를 시작하게 되며 주도적이고 안정적인 품질관리와 비용절감의 터닝 포인트를 맞게 되었다. 네 번째는 국가 경제에서 차지하는 자동차 산업의 중요성을 정부와 국민 모두에게 확실히 각인시키는 계기가 되었다고 생각한다. 해외 기술 도입의 한계를 보다 정확히 파악할 수 있게 됐고 장기적인 안목의 기술 자립 전략이 필요하다는 사실을 깨닫게 된 것이다.

스텔라는 현대자동차가 독자적인 R&D, 특히 엔진 개발의 중요성을 절감하게 되는 중대한 계기이기도 했다. 포니 프로젝트가 실은 겉모습만 고유모델이었을 뿐, 진정한 기술 자립은 자동차의 심장인 엔진과 트랜스미션 개발 이후에나 논할 수 있는 일임을 비로소 깨닫게 된 것이다.

누구보다 스텔라 개발에 큰 관심과 애착을 보였던 정주영 회장이 곧바로 독자 엔진 개발을 지시하며 경기도 용인 마북리에는 연구 인력들이 비밀리에 속속 모여들게 된다. 미국 크라이슬러에서 이대운 박사, GM에서 이현순 박사가 영입됐고 영국의 엔진 개발사 리카르도와 기술협력 계약도 맺었다.

비슷한 시기 현대자동차 울산공장에서도 꿈에 그리던 24만 평 부지의 종합주행시험장이 가동되기 시작했다. 총연장 2.5km, 폭 16~19m의 서클형 고속 주회로가 건설되며 시간과 도로 사정에 구애받지 않고 최고속도, 고속 내구, 가속성능, 연료소모율, 제동성능 등을 효과적으로 테스트할 수 있게 되었다.

심장을 깨우다

10년 주기로 찾아온 제2차 오일쇼크의 긴 터널도 어느덧 출구로 향하던 1982년. 이 해는 현대자동차의 지속가능성을 책임질 두 개의 축 X카 프로젝트와 Y카 프로젝트가 동시에 진행되고 있던 중대한 시기였다. 또 한편으로는 그간의 성공과 과오를 정리하며 더욱 내실을 기하기 위한 자성의 움직임 역시 꿈틀거리고 있었다. 기한에 쫓겨 순서와 경중을 따지지 않고 닥치는 대로 해오던 일을 보다 질서 정연하게 체계화하려는 노력이 자생적으로 시작되었다. 이것저것 따질 틈 없이 닥치는 대로 진행돼온 신차 개발 프로세스가 비로소 일목요연한 시스템으로 거듭나는 원년을 맞게 된 것이다.

변화의 바람은 엔지니어들 사이에서부터 꿈틀거렸다. 그간은 경영진이나 영업 주체들에게 무조건 순종하는 게 미덕이자 도리라고 생각했다. 그 사이 포니 개발과 판매를 통해 끊임없이 고객들과 소통하고 개선하는 과정에서 우리 스스로도 큰 성장을 이루었다고 생각했다. 하지만 X카와 Y카는 고유모델 포니를 세상에 선보일 때와는 전혀 다른 차원의 프로젝트였다. 이제 현대자동차를 이탈리아나 프랑스보다 더 높은 체급인 일본, 독일 차들과 비교하기 시작할 만큼 한껏 높아진 국내외의 요구를 만족시키려면 새로운 접근법이 필요했다.

실력이나 헌신만으로 절대적인 시간과 인력의 부족을 메꾸는 데도 한계가 있다는 사실을 더 적극적으로 설득해야 했다. 판매·수출부서와 생산부서, 개발부서가 일방향이 아닌 쌍방향의 의사소통 구조로 함께 움직여야 개발 기간 단축뿐만 아니라 판매에서도 성공할 수 있다는 공감대가 자연스럽게 번져갔다.

한쪽이 잡아 끌던 형태를 관련 부서들의 의견이 설계 단계에서부터 반영되는 푸시앤풀(push & pull) 방식의 기술 개발 시스템으로 재정립하기 위해서는 먼저 우리 스스로 절차와 규정을 구축해 전사적인 설득과 합의를 이끌어 낼 필요가 있었다. 포니를 개발하며 머릿속에 넣어두거나 노트에 적어둔 신제품 개발 프로세스를 복기하며 제품 기획, 신차 설계, 자동차 테스트 등 3개 카테고리 총 41개의 관리 항목들로 압축해갔다.

주요 사항들을 큰 줄기 위주로 몇 개만 소개하려 한다. 지금의 시선으로 보면 대단한 내용도 아니고 너무나 당연한 이야기들이다.

아이들 소꿉장난 같다는 생각마저 들 수 있다. 하지만 당시는 누구 하나 물어볼 사람도, 참고할 매뉴얼도 없던 시절임을 감안해야 한다. 무엇보다 포니 단 한 차종을 개발한 경험만으로 이제 두 개의 신차를 동시에 개발해야 하는 상황 앞에서 당시 기술진 모두가 느꼈을 간절한 목마름, 그리고 어설퍼도 누군가는 반드시 앞장서 해야 할 일이라는 사명감에서 비롯된 결과물임을 기억해주기 바란다.

첫 번째, 제품의 판매 목표를 상품기획 단계에서 명확히 정하자는 것이다. 수출 지역과 시장도 초기에 확실히 정해야 한다. 마케팅 전략에는 구체적인 판매 시장과 월간 및 연간 판매목표가 반드시 포함되어야 한다. 포니가 출시된 후 5만 6,000대에서 10만 대까지 계속해서 생산시설을 늘렸음에도 판매 속도를 따라잡지 못하는 게 안타까웠다. 공장을 확장하느라 열흘 간 공장 가동을 멈추면서 매출 손실은 더 늘어날 수밖에 없었다. 특히 포니는 막연했던 수출 목표가 100개 이상의 국가로 확대되며 각 지역의 법규를 맞추느라 수시로 차체 구조까지 변경한 까닭에 개발비 규모가 당초 계획보다 눈덩이처럼 불어나게 되었다.

두 번째, 디자인 콘셉트를 결정하고 패키지에 반영할 때 설계, 자재, 외자, 생기, 수출, 판매에 이르는 관련 부서의 모든 의견을 종합해서 반영해야 한다. 통상 설계를 끝내고 설명을 하면 서로의 입장에 따라 의견이 분분하고 불만이 표출되는 경우도 다반사다.

그러니 아예 설계 단계부터 모든 부서의 요구사항과 필요조건을 종합해서 반영하자는 것이다. 물론 한 차례로 끝나는 것이 아니라 지속적으로 단계별 회의가 필요하다.

세 번째, 본격적인 설계에 앞서 판매 목표치와 예상 가능한 문제점들을 선행 검토해야 한다. 개발이 필요한 부품들도 국내 개발과 해외 개발을 설계 착수 전에 미리 정해야 한다. 국내 개발품 중에는 자체적으로 투자할 부품과 외부 조달품을 구별하는 것도 포함되어야 한다. 차체의 중량 목표치도 설계 단계에서부터 제시되어야 한다. 우스운 얘기지만 이전까지는 개발을 완료한 뒤에야 중량을 측정해 발표하는 식이었다. 당시로서는 엄청난 도전이었지만 언젠가는 해야 할 일이었다. 이는 경쟁차들을 구체적으로 정하는 계기도 되었다.

이밖에 프리젠테이션 모델 승인을 받은 이후 관련 부서 담당자들이 차례차례 검토를 거친 후에 개발에 착수하기로 했다는 내용도 있다. 물론 시행은 쉽지가 않았다. 부서별로는 답이 안 나오는 경우도 허다했다. 하지만 답을 내기 위해 공부하는 분위기가 형성되었다. 금형 제작 가능성에 대해 치공구 부서 의견을 반영하는 것도 포함되었다. 마스터 드로잉[註]을 진행하는 과정에 최소 1~2회

[註] Master drawing. 설계도면 작성을 위해 주변 부품들을 함께 표현하며 위치, 크기, 형태 등을 사전 검토한 도면.

는 설명회를 갖기로 했다. 미리 설계 진행 방향을 설명해서 조립용 장비와 검사용 치구를 만드는 계획과 자동화 계획을 세울 수 있도록 하기 위한 것이다.

프로토타입을 몇 대나 제작할지, 시험은 국내외 어디서 할 것인지 결정하는 것도 중요한 사항이다. 국내는 비포장도로와 강원도 고갯길이 포함되었다. 한겨울 대관령 고개에서 LPG의 시동성을 확인하는 시험도 추가되었다. 캐나다는 -40℃까지 떨어지는 기후를 고려해 시험 장소를 물색했다. 물론 모두가 하나하나 다 비용과 관계되는 것들이라 결정이 쉽지만은 않았다. 하지만 세계 각국에서 쏟아져 들어오는 문제들의 실체가 제대로 알려지면서 더 이상 기초적인 투자를 결정하는 데 망설임은 있을 수가 없었다.

생산기술 부서가 중요하게 여기는 점을 설계 초기부터 반영하는 회의도 추가되었다. 문제 발생 시 해결하는 게 아니라 마스터 드로잉 단계에서부터 예방을 할 수 있게 됐다는 점에서 매우 큰 진전이라 할 수 있었다. 부품을 제작할 때 자체 제작과 외주 제작을 구매 부서와 생산 부서가 결정하도록 하는 회의 체제도 신설했다. 이 회의에는 가공 난이도가 높은 부품들의 품질 보증을 위해 해외 업체가 우선되어야 한다고 주장하는 설계 책임자 의견도 꼭 반영하기로 했다. 미리 선별하기가 어려운 부품들은 부품업체의 의견도 반영하고 도면도 구분해서 출도하기로 했다.

또한 차체 품질 향상을 위해 CO_2 용접과 블레이징 용접 작업 부위를 최대한 줄이기로 했다. 얼마만큼 줄여갈 것인지 확정하는 것도 점검 항목에 포함시켰다. 생산 조립공정을 줄이기 위해서나 자동화율을 높이는 데 필요한 설계 변경 요구사항도 수렴될 수 있도록 최종 회의도 추가했다. A/S와 판매부서에 양산 전에 제품 설명회를 개최하는 것도 규정에 올렸다.

이와 함께 업무 전반의 효율 개선을 위해 전산화를 추진하기로 했다. 도면을 출도하기 위한 플로터[#]도 업그레이드하기로 했다. 국제 경쟁을 위해 국내에서 구하기 힘든 원자재나 부품은 과감하게 수입하기로 했다. 경량화를 통해 연비를 개선하고, NVH(진동소음)를 개선하는 것도 주요 과제로 선정했다. 외국에 의존하던 개발시험 시설들이 울산에 구축되면 시간과 비용의 손실을 크게 줄일 수 있다는 사실도 공감대를 넓혔다. 차체 경량화를 위해 철판 대신 알루미늄과 플라스틱 제품의 사용 폭을 넓힌다는 목표도 설정했다. 더불어 고장력 강판 비율을 높이는 것도 포함되었다.

이를 계기로 경영진의 의사 결정 시스템에도 상당한 변화가 일어났다. 간부회의에 젊은 직원들을 배석시켜 가능한 여과 없이 현장의 목소리를 듣고자 한 것이다. 이 결정은 특히 R&D 부서가 주

[#] Plotter, 도면 출력기.

니어보드 중심의 과장급을 중심으로 움직이는 체제로 자리 잡는 데도 큰 영향을 미치게 된다.

캐나다 교두보

"현대 포니는 중동 사하라 사막을 통과하고, 런던 피카디리 광장을 거친 뒤에, 중남미 안데스 산맥을 넘어, 지금 막 캐나다에 도착했습니다."

포니2는 엄밀히 따지면 원작의 성공 신화를 연장하기 위해 준비한 모델이지만 첫째 못지않은 대성공으로 현대자동차 모두에게 큰 기쁨을 안겨준 효자 상품이다. 포니2는 캐나다 진출을 목전에 둔 1983년 광고 캠페인을 통해 먼저 현지인들에게 선을 보였는데 그해 캐나다 최우수 광고상을 수상할 만큼 큰 임팩트를 남겼다. 그리고 얼마 뒤인 1984년 1월 1일부터 공식 판매에 돌입했는데 그야말로 미친 듯이 팔려나갔다. 그해 말 최종 집계된 판매대수가 2만 5,123대. 캐나다 전체 수입차 시장의 10%가 넘는 대기록이었다. 이듬해인 1985년에는 스텔라까지 가세하며 현대자동차에 대한 인기가 더욱 치솟았고 결국 광고상뿐만 아니라 실제로 캐나다 수입차 부문에서도 일본차까지 제치며 1위에 올랐다. 캐나다 진출 단 2년 만에 이룬 쾌거다.

포니2는 앞서 1982년에 먼저 출시된 우리나라에서도 한 해만에 3만 9,344대의 경이적인 판매고를 올려 어느 정도 성공 가능성을 짐작했다. 하지만 이 정도까지 폭발적인 반응을 얻으리라고는 예상하지 못했다. 공교롭게도 한국에서도 역시 무려 20명이라는 역대 최대의 모델을 동원한 포니2의 광고가 큰 화제가 된 바 있었다. 포니2의 국내외 선전에 힘입어 현대자동차는 창사 15년만인 1982년 국내 최초로 단일 차종 생산 30만 대 돌파의 기염을 토했다. 연말에는 또 한 번 국내 최초의 전 차종 50만 대 생산 기록도 세웠다. 현대자동차의 자동차 생산량은 당시 국내 총 생산의 66%에 이르는 것이다. 덕분에 제2차 오일쇼크와 경제침체로 어려움에 빠졌던 회사도 다시 흑자경영으로 돌아섰다.

개인적으로는 포니2가 처음으로 일본 자동차회사들을 이긴 차라는 점에서 특히 더 기뻤다. 포니2는 북미 시장의 교두보 격인 캐나다를 염두에 두고 개발했다. 그런 만큼 여러 가지 프로젝트의 동시 진행으로 바쁜 가운데서도 관심과 정성이 더 각별했던 작품이다. 우리 자체 설계로 보디와 섀시를 크게 개선했고, 이탈디자인의 주지아로에게 스타일링을 맡겨 포니의 대체 차종이라 보기 힘들 만큼 완전히 새로운 이미지를 만들어냈다. 특히 캐나다의 안전 법규와 배출가스 규제 정도는 비교적 손쉽게 만족시킬 만큼 기술력이 올라온 우리는 이제 최소한 한 가지 품목만이라도 일본보다 앞선 것을 적용해보자고 할 만큼 승부욕이 커지고 있던 상태였다. 캐나다 진출의 복병이었던 '5마일 범퍼'가 대표적이다.

5마일 범퍼는 시속 5마일로 충돌해도 범퍼의 변형이 없어야 한다는 규정이다. 미국에서는 이를 2.5마일로 완화한다는 소식이 있어 캐나다도 곧 바뀌겠거니 판단한 게 원래 예정보다 몇 개월 늦게 출시되는 원인이 되었다. 기대와 달리 캐나다는 5마일 규정을 유지해 우리도 곧바로 5마일 범퍼 개발에 착수하게 됐는데, 토요타나 닛산도 아직 쓰지 않던 플라스틱 범퍼를 소재기업이기도 한 제너럴 일렉트릭(GE)과 함께 개발했다.

후일담이지만 당시 나의 가상한 용기를 적극 지원해준 GE 파트너 이멜트는 회사 돈으로 범퍼 금형을 공수해주면서까지 시간을 맞춰주기 위해 노력했다. 나중에 그에게 감사패를 전하던 자리에서 "도대체 뭘 믿고 그 짧은 시간에, 그것도 굳이 플라스틱으로 개발하려고 했냐"고 되묻던 기억이 새롭다. 물론 회사 내에서도 자재 담당자들의 불만이 엄청났다. 하지만 나는 GE를 믿었다. 그렇게 한 번 채택된 플라스틱 범퍼는 이후 많은 신차들에서 보편적으로 적용되기 시작했다. 플라스틱 범퍼는 차량 중량을 줄이는 동시에 고객의 사고처리 비용도 줄여 어찌 보면 사회 전체의 부담을 줄이는 데도 공헌한 셈이다. 이멜트는 훗날 잭 웰치의 후임으로 GE 회장 자리에 올랐다.

계속되는 포니2의 캐나다 분투기는 한국에 있던 나보다 당시 캐나다 현장을 샅샅이 누볐던 박성학 사장의 육성을 들어보는 게 더 생생할 것 같아 따로 인터뷰를 했다. 해외 영업 및 마케팅 전문가인 그는 캐나다에 이어 미국까지 초창기 북미시장의 개척을 이끈 프런티어로 현대자동차 미국 판매법인의 초대 사장을 지냈다. 그의 이야기를 간추려 정리한다.

"당시 회사는 내수 경기가 침체의 늪에 빠지면서 많은 관리직 인원을 정리해야 할 만큼 심각한 경영 위기에 허덕이고 있었다. 이를 타개하기 위해 유럽 선진국의 수출시장 개척뿐만 아니라 북미 수출까지도 검토했다. 당시 우리의 기술과 품질 수준을 볼 때 리콜을 염려하여 북미 수출만큼은 모두가 반대하는 분위기였다. 하지만 직원들의 월급을 제때 지급하지 못할 정도였던 제2차 오일쇼크의 위기에서 우리가 선택할 수 있는 다른 길은 없었다. 경영진의 북미 진출 의지는 너무나도 단호했다.

포니2를 알리는 광고도 한 몫 했다. 캐나다인들에게는 한국이 너무 생소한 나라였기 때문에 광고가 꼭 필요했다. 광고 제작자에게 포니가 이미 중남미, 중동, 유럽 등의 몇몇 나라에 수출되고 있으니 이를 참고해서 광고를 만들어 달라고 요청했다. 이렇게 해서 캐나다 사람들도 깜짝 놀란 포니2의 첫 광고가 태어났다. 한편으로는 북미와 유럽 뉴스에서 스포츠가 중요하다는 것을 깨닫고 현대자동차가 주최하는 세계 여자 배구대회도 추진했다. 한국, 캐나다, 미국, 일본, 페루 등 8개국을 초청해 토론토와 밴쿠버를 오가면서 시합을 열었다. 비용은 30만 달러 정도였는데 연일 뉴스에 오르내리는 바람에 광고 이상의 효과를 발휘했다.

딜러들에 대한 지원도 신경을 많이 썼다. 캐나다는 딜러들이 고객에게 차량을 넘겨주기 직전에 차량의 이상 유무를 살펴보는데 자동차 메이커가 1시간의 노임을 지원해 주고 있었다. 우리는 더 세밀히 살펴 봐달라고 주문하며 2시간의 노임을 줬다. 대신 포니2가 팔린 뒤 몇 개월간 고장이 없으면 품질이 좋은 차로 금방 소문이 날 것이라 생각한 것이다. 딜러들이 모두 정비사 출신이라 차량에 대해 잘 아는 데다 평생소원이던 자동차 대리점을 시작하는 것이라 고객관리도 아주 정성껏 잘했다.

가성비 좋고 광고 재미있고 고객관리도 잘 하니 차가 잘 팔릴 수밖에 없었다. 정비가 편하다는 점도 북미 사람들이 좋아하는 요소였다. 인건비가 비싸 고장이 나면 대부분 스스로 정비를 하는데 앞바퀴 굴림 방식이던 경쟁차들은 엔진룸이 상당히 복잡했고, 뒷바퀴 굴림인 포니2는 정비하기가 수월했다. 단점이 오히려 장점이 된 경우다.

처음에는 3천 대를 팔면 잘 한 것이라 생각했다. 영국의 2백만 대 시장에서 5천 대를 판매해본 경험 때문에 그보다 작은 캐나다의 80만 대 시장에서는 그마저도 굉장히 의욕적인 목표였다. 그런데 두세 달도 안 돼 몇 번이나 생산주문을 변경할 정도로 불티나게 팔려 나갔다. 캐나다 진출 2년 만에 수입차 부문 1위를 차지하자 미국과 캐나다뿐만 아니라 일본 언론들까지 우리의 성공을 대대적으로 보도했다.

당시 우리나라는 후진국이라 무관세로 자동차를 수출하고 있었는데, 다른 수입상들이 포니2의 질주를 막기 위해 관세 혜택의 부당성을 거론하며 언론과 정부에 로비까지 할 정도였다. 만일 관세 혜택을 받지 못하면 거액의 세금을 내야 하니 걱정이 돼서 곧바로 본사에 알렸다. 정주영 회장이 즉석에서 아이디어를 냈다. 토론토 외곽에 1~2천 평 정도 땅을 매입하고 그곳에서 불도저를 왔다 갔다 하게 하라는 것이었다. 기자회견 등을 통해 부품공장을 세우고 있다고 알려서 관세 혜택 논란을 잠재우자는 것이다. 우리는 기술적으로 그나마 접근이 쉬운 알루미늄 휠 공장을 세우는 것으로 발표를 하고, 캐나다 상공부 장관을 포함한 고위 인사들을 초청해 설명회까지 개최하며 겨우 위기를 모면했다."

X카 대회전

1980년대 현대자동차의 구성원들은 매년 초 배포되는 업무용 다이어리의 첫 페이지가 늘 큰 관심사였다. 경영진의 신년 메시지에서 가까운 미래 회사와 자신에게 일어날 일들을 점쳐볼 수 있기 때문이다. 1983년에는 '자동차 입국의 길'이라는 신년 메시지가 실려 있는데 X카 프로젝트에 대한 의지와 계획을 잘 표현되어 있어 여기에 그대로 옮겨 적는다.

"현대의 자동차는 2만여 가지 부품의 결합체이며 자동차공업은 산업 관련 효과가 매우 큰 기계공업의 꽃입니다. 철강, 고무, 유리, 플라스틱, 전자 등의 소재산업과 광범위한 연관을 맺고 있는 자동차공업은 한 나라의 경제력을 평가하는 척도가 됩니다. 1976년 국내 최초로 고유모델 포니를 개발한 이래 폐사는 한국자동차공업의 선도 기업으로서 보다 좋은 차를 만들고자 끊임없이 노력해왔습니다. 현재 포니는 유럽, 중남미, 동남아, 아프리카 등 세계 60여 개국에 수출되어 자랑스러운 한국의 대표 차로 호평 받고 있습니다. 폐사는 지금까지의 경험을 토대로 나날이 치열해지는 세계 자동차 시장에 슬기롭게 대처하기 위해 생산 차종의 완벽한 품질과 함께 규모의 경제성을 추구해 나갈 계획입니다. 1985년까지 30만 대 대단위 생산공장을 건설, 국제 규모의 경쟁력을 갖추고 세계 굴지의 자동차 메이커로서 새 장을 펼쳐나갈 것입니다. 또한 스타일, 내외장, 성능, 안전도, 연비율 등에서 세계 최고 수준의 소형 승용차를 개발하여 마이카 시대를 앞당기고 수출을 대폭 확대할 것입니다. 이 공장 건설이 끝나면 폐사의 생산능력은 현재의 14만 대에서 44만 대로 늘어나며 1986년에는 승용차 32만 대를 생산하여 11만 대를 수출할 계획입니다. 포니를 개발하여 우리나라를 세계 16번째 자동차 생산국으로 끌어 올렸듯이 폐사는 30만 대 공장 건설의 플랜 속에 '제2의 도약'을 모색하고 있습니다."

현대자동차가 발표한 '30만 대 승용차공장 건설'은 같은 해 국내 승용차 보유대수 26만 대, 연간 생산량 6만 6,000대라는 수준에 비춰 보았을 때 사실상 도박에 가까운 결정이었다고도 볼 수 있다. 당시 금액으로 내외 자본 약 4천 억 원이라는 천문학적인 거금의 투자계획은 세상을 놀라게도 하고 많은 논란을 불러일으키기도 했다. 이 공장에서 생산할 승용차의 개발명 'X카'에 의도치 않게 알 수 없는 미지수를 뜻하는 알파벳이 붙어 있다는 점도 자못 의미심장할 수밖에 없다.

현대자동차 내부에서 처음 미국 수출의 필요성이 거론되던 1970년대 말에서 1980년대 초까지의 시기는 전 세계 석유파동과 국내의 정치적 혼란이 절정으로 치닫고 있던 무렵이다. 인플레이션 압력이 가중되며 통화량 억제를 비롯한 각종 긴축정책 속에 내수 판매가 극도의 부진을 면치 못했던 회사에서는 자금 사정이 이미 심각한 수준을 넘어섰다는 흉흉한 소문까지 돌고 있었다. 게다가 반 강제적인 산업 구조 합리화 조치로 인해 회사의 존속 여부까지도 불투명해진 시기였다.

다행히 다른 것은 다 포기해도 현대자동차만은 살려야 한다는 정주영 회장의 판단 덕분에 승용차 생산을 유지할 수 있었지만 이런 시점에서 대규모 투자를 감행한다는 것은 여러모로 회의론을 불러일으키는 것도 당연했다.

현대자동차의 운명을 가를 X카 프로젝트의 성공 여부는 전적으로 미국시장에 달려 있었다고 해도 과언이 아니었다. 미국은 세계에서 가장 큰 단일시장이다. 미국에서 성공한다는 것은 곧 전 세계적인 글로벌 메이커로 자리매김할 수 있는 보증수표인 동시에 거대 시장을 바탕으로 규모의 경제를 이룰 수 있는 유일무이한 기회와 마찬가지다. 그런 만큼 100년 역사의 콧대 높은 이탈리아,

프랑스, 영국도 못 버티고 물러날 만큼 경쟁이 치열한 세계 자동차 산업의 최종 승부처이다.

20세기와 21세기에 걸친 각축전을 통해 미국 시장에서 살아남은 자동차 회사들은 간신히 호흡기만 달고 있는 회사들까지 모두 포함해도 채 열 손가락이 안 된다. 북미의 빅3인 GM, 포드, 크라이슬러와 독일, 일본외에는 볼보, 재규어, 랜드로버 정도가 간신히 몇 천 대 수준의 소량 판매로 명맥만 유지하며 옛 시절의 영화에 대한 향수를 달래고 있을 뿐이다. X카 프로젝트는 그 냉엄한 적자생존의 한복판에서 현대기아차의 오늘을 있게 한 시작이었다.

앞서도 얘기했지만 1979년은 나라 안팎부터 현대자동차에 불어 닥친 생존 위기까지 수많은 사건 사고들로 점철된 한 해였다. 개인적으로도 수출 3년째를 맞는 포니와 포니2, 스텔라 개발과 신차개발 프로세스를 개선하려는 시도까지 한꺼번에 폭풍처럼 몰아닥친 일들을 동시다발적으로 각개격파 하느라 숨 돌릴 틈조차 없던 시기다. 지금 생각해보면 스스로도 믿기지 않을 만큼 초인적인 힘을 발휘했던 때다. 그중에서도 가장 큰 힘을 쏟은 것이 역시 회사의 지속가능성을 좌우하게 될 열쇠 'X카 프로젝트'였다.

당시 현대자동차는 포니를 생산한 지 겨우 3년 6개월 만에 미국 진출이란 거대한 목표를 실행에 옮기고 있었다. 이를 위해 먼저 까다로운 미국 배기가스 규제와 안전 규정의 분석에 돌입했다. 미국은 수입차에 대한 안전 기준과 적용 방법이 유럽과 크게 달랐다.

외국산 자동차가 미국 땅을 밟으려면 미국 환경보전국의 배기가스 테스트 외에도 안전과 소음 등 총 42개 항목에 이르는 기준치들을 만족시켜야 한다. 유럽은 이런 기준치를 모두 사전에 맞춰야 하는데 미국은 마음대로 판매할 수 있다. 하지만 사후 무작위 추출에서 부적합 판정을 받으면 돌이키기 힘들 만큼 강력한 제재가 가해진다.

미연방 기준인 FMVSS(Federal Motor Vehicle Safety Standard)에는 해석조차 어려운 전문용어도 많았다. "단단한 구조의 콘크리트 벽에 95퍼센타일 마네킹을 앉힌 자동차를 전면으로 달려서 30MPH로 충돌을 해야 한다. 또한 움직이는 콘크리트 벽이 뒤에서 20MPH로 달려와서 95퍼센타일 마네킹을 앉힌 정지되어 있는 자동차를 부딪쳐 봐야 한다."

왜 퍼센트가 아니라 퍼센타일 마네킹이라고 부르는지 이해하는 데만도 한참이 걸렸다. 이 퍼센타일 마네킹의 머리나 가슴에 센서가 달려 있다는 사실도 나중에 알게 되었다. 지금은 남양연구소와 울산공장에 여러 세트가 구비되어 있어 신입사원도 현장을 보기만 해도 이해할 수 있지만 당시로서는 그야말로 무슨 외계어를 익히는 것 같은 심정일 수밖에 없었다.

이런 생소한 규정들과의 전쟁은 개인적으로 2~3개월 코피를 흘리는 것으로 어떻게든 따라잡을 수 있는 일이라 차라리 다행이다. X카 프로젝트 초기의 최대 난관은 따로 있었다. 바로 느닷없이 나타난 '앞바퀴 굴림 방식'의 거대한 장벽과 맞닥뜨리게 된 것이다.

그해 말 우리는 뒷바퀴 굴림 방식의 포니 플랫폼으로 미국 시장에 도전할 수 없다는 엄청난 사실을 깨닫게 되었다. 유럽에 수출을 시작한 지 1년만에야 다른 나라들의 소형차들이 앞 다퉈 앞바퀴 굴림 방식으로 바뀌고 있는 것을 알게 된 것이다. 독일 폭스바겐의 골프는 이미 1974년의 1세대부터 앞바퀴 굴림 방식을 채택한 상태였고 일본 토요타와 닛산도 소형차 위주로 전환 작업이 한창이었다. 현대자동차와 기술제휴 관계였던 미쓰비시 역시 우리가 뒷바퀴 굴림의 포니 플랫폼을 도입해 막 판매를 시작하고 있을 때 미라지라는 이름의 새로운 앞바퀴 굴림 소형차를 개발하고 있었다.

벤츠나 BMW 같은 브랜드는 굳이 앞바퀴 굴림을 채택할 이유가 없었다. 뒷바퀴 굴림이 브랜드 고유의 가치로 인정받고 있었기 때문이다. 하지만 일본이나 우리처럼 소형차 위주의 회사들은 원가 경쟁력과 성능 면에서 앞바퀴 굴림을 사용하지 않으면 경쟁력이 없다는 판단이 우세했다. 우물 안 개구리였던 우리만 이런 거대한 변화의 흐름을 감지하지 못하고 있었던 것이다. 그간 해온 모든 노력을 다시 원점으로 되돌려야 하는 상황 앞에서 망연자실해질 수밖에 없었다.

외부의 도움 없이는 도저히 해결이 불가능했던 첨단기술인 만큼 선진 자동차회사로부터 기술 도입 외에는 선택의 여지가 없었다. 우선 미쓰비시와 다시 한 번 기술제휴로 양산을 시작한 뒤 미국에 수출하면서 독자적인 동력전달장치를 개발하는 것으로 전략을 수정했다.

엄청난 수업료를 치르며 얻은 반면교사도 있다. 이전까지는 수뇌부의 지시사항과 수출부서의 의견을 무조건 따랐던 엔지니어들 사이에 순종만 해서는 안 된다는 공감대가 형성되기 시작했다. 이후 우리의 모든 신차 개발은 상품기획 단계에서부터 세계의 최신 동향을 수집하며 지나치다 싶을 만큼 신중하게 결정이 이뤄졌다. 비록 작은 규모지만 미국, 유럽, 일본에 해외연구소를 설립하는 계획도 발 빠르게 추진되기 시작했다.

감성품질

1981년 소형 설계부장으로 발령받으면서 미쓰비시 앞바퀴 굴림 시스템 도입과 관련한 사항 전반을 새롭게 공부해야 했다. 당시 포니2와 스텔라의 부품 관련 일로 일본을 자주 찾고 있던 중 5월경 앞바퀴 굴림 건으로 미쓰비시와 처음 테이블을 마주했다.

기술 제휴는 선택의 여지가 없었지만 협상 여부에 따라 도입할 기술의 양과 질이 결정되는 만큼 만반의 준비를 했다. 그 과정에서 상당히 많은 정보가 수집되었다. 앞바퀴 굴림의 핵심부품인 등속 조인트는 프랑스 시트로엥, 조향장치는 일본 고세이가 특허를 가지고 있어 각 부품과 기술마다 특허료를 별도로 지불해야 한다는 사실도 처음 알게 되었다.

해치백 스타일이 유행인 유럽과 달리 미국 수출용은 4도어 노치백 세단 모델을 추가해야 한다는 것도 그 자리에서 알게 되었다. 당시 우리는 캐나다 시장에서 포니 해치백으로 성공했으니 미국 시장도 당연히 해치백으로 계획하고 있었다.

향후 미국시장에서는 차량 중량과 연비가 매우 중요한 요소가 될 것이란 것도 강조해서 되새기는 계기가 되었다. 전 세계적인 오일쇼크 이후 미국에서도 연비규제 기준이 강화되고 있었던 것이다. 당시 한국에는 고장력 강판이 없으니 X카는 미쓰비시의 미라지 콜트보다 차체 외 다른 부분에서 30kg 이상을 감량해야 할 일이었다.

X카 프로젝트는 그 중요성에 더해 우여곡절도 많았던 만큼 이번에는 뭔가 확실히 달라야 한다는 각오로 시작되었다. 포니처럼 설계해주는 대로가 아니라 초기 단계에서부터 우리가 나름대로 계획적으로 부문별 목표를 그려가면서 주체가 되어야 한다. 1982년 10월에는 전사적인 차원의 X카 개발 방향이 확정되었다. 1985년 4월 유럽 수출에 이어 1985년 12월에 미국에 진출한다는 야심찬 일정이다. 시장 특성을 고려해 유럽향의 3도어와 5도어 해치백, 미국향의 4도어 노치백 세단을 처음으로 동시에 개발하기로 한 것이다.

시시각각 강화되는 미국의 연비규제에 대응해 국산차 최초로 고성능 스포츠카나 하던 풍동(Wind Tunnel) 시험도 실시하기로 결정했다. 북미 대륙의 혹독한 기후를 고려한 혹한·혹서기 테스트도 처음이었다. 브레이크와 등속조인트의 내구도를 평가하는 시험설비와 로드 시뮬레이터 구축도 계획했다. 유럽에서 문제가 되었던 시트 평가를 위해서는 체압 분포 측정기도 갖춰야 했다. 최대한 많은 시험과 기록은 혹시 모를 미국의 제조물책임법(PL, Product Liability)에 대비하려는 것이기도 하다. 미국의 악명 높은 PL법은 이미 이탈리아와 프랑스를 질색하게 만들며 미국시장에서 철수하게 만든 전력이 있었다.

당시 태부족이었던 연구소 인원을 다시 잘게 쪼개 수출 지역 최신 법규 업데이트와 R&D 프로세스 정립의 일환으로 시작된 차량 동역학 해석 등의 업무 전산화에도 필요 인력을 투입했다. 가뜩이나 작은 조직 규모로 신규 차량을 개발하는 큰 프로젝트 6개에 새로운 엔진과 섀시 같은 작은 개발들이 우후죽순 동시에 진행한다는 것은 가히 기네스북에 오를 만한 일이었다.

시작차는 매달 2~3대씩 모두 31대를 만들어본 것으로 노트에 기록되어 있다. 미쓰비시는 300~500대를 만든다고 들었는데 거기까지 쫓아가기에는 기초체력이 너무 차이가 났다. 정면 충돌시험으로 보닛이 납작해진 차를 다시 후면충돌시험에 활용하던 우리로서는 입맛을 다실 수밖에 없는 일이었다. 하지만 다른 선택지는 없었다. 어떻게든 허락된 여건 내에서 최선을 다하는 수밖에 없었다.

나는 뒷바퀴 굴림에서 앞바퀴 굴림으로 전환되는 이 시기가 현대자동차의 디자인, 조립, 생산, 부품 기술을 한 단계 끌어올릴 수 있는 좋은 기회라 믿고 있었다. 그중에서도 특히 도어를 중심으로 한 외관 스타일링과 문을 여닫을 때의 부드러운 감성 품질이 곧 차의 품격이라 생각했기 때문에 시각적으로 또 감성적으로도 신선하며 일본차들과도 차별화되는 풀도어[#] 적용을 적극 주장했다.

반면 당시 생산본부장이던 장낙용 부사장은 고도의 금형 기술과 큰 비용이 필요한 풀 도어를 반대하는 대열의 최전선에 서 있었다. 그의 의견에는 회사 경영진과 미쓰비시 출신의 아라이 고문도 동조하고 있었다. 현대자동차의 실력으로는 아직 무리라는 것이다. 하지만 나의 고집도 쇠심줄 같기는 마찬가지였다. 앞바퀴 굴림 기술은 몰랐던 것이라 어쩔 수 없다손 치더라도 반드시 뭐 하나는 일본차보다 나은 기술을 적용하고 싶었다. 풀 도어 적용은 우리의 생산 및 부품조립 기술을 분명히 한 단계 더 끌어올릴 수 있는 일이었다. 더구나 미쓰비시는 다음 차에 풀 도어를 적용한다고 하면서 우리에게는 하지 말라 하는 게 더욱 받아들이기 어려웠다. 풀도어 적용에 관한 의견 대립은 6개월 가까이 계속됐다.

[#] Full door. 도어 패널과 도어 프레임을 1피스로 재단하여 만든 도어로 별도 프레임을 용접하여 만든 프레임 도어와 구별된다. 외관상 용접라인이 없고 레인 거터(rain gutter)를 숨길 수 있어 외관과 윈드 노이즈 측면에서 유리하다.

1982년 6월, 포니와 스텔라에 이어 다시 한 번 X카의 디자인을 맡은 이탈디자인으로부터 노치백 프레젠테이션 모델이 도착했다. 매끈한 풀 도어의 차체가 눈부셨다. 그로부터 4~5년 뒤에 나오는 선진국의 신차들은 어떤 방법으로든 풀 도어처럼 빗물받이 레인 거터가 없어지기 시작했다. 내부 품평 결과 도출된 범퍼, A필러 등 프레젠테이션 모델의 12곳은 직접 수정에 들어갔다.

마침내 한 해 뒤인 1983년 9월, 마침내 정주영 회장까지 참석하는 X카의 최종 품평회가 열렸다. 토요타 코롤라와 르노9이 비교 차종으로 나란히 세워졌다. 임원에게는 호랑이일지언정 현장 기술자에게만큼은 늘 각별한 애정을 보였던 정 회장은 이번에도 우리에게 전권을 위임하면서 조심스럽게 몇 가지 사항만 보완을 지시했다. 지금 다시 노트를 뒤지다보니 자동차에 대한 그의 관심과 열정이 얼마나 세심한 곳까지 미치고 있었는지 새삼 다시 탄복하게 된다. 몇 가지만 그대로 옮겨 본다.

1. 도어 핸들을 크롬 도금해 고급스런 광택이 나게 할 것
   (블랙 컬러였음)
2. 앞 타이어와 휠 아치 사이의 갭을 축소하여 외관을 개선할 것
3. 후석 승객의 시계성을 개선하고 뒷자리를 편하게 할 것
4. 해치백 쿼드런트 글라스를 삭제하여 약한 이미지를 개선할 것
5. 1,500cc 엔진을 꼭 적용해야 하는가?
   (당시 중형차인 스텔라에도 1,500cc 엔진을 탑재하고 있어 X카에는 1,300cc면 되지 않겠느냐는 질문으로, 미국시장에서는 힘 있는 엔진을 선호하고 북미의 배기가스 규제에 대응하기 위해서도 배기량이 큰 엔진이 필요하다고 설명함)
6. 양산이 늦어져도 좋으니 잘못된 곳은 다시 만들더라도 반드시 수정하고 문제 발생 소지를 줄일 것
7. 앞모양이 아주 좋다.
8. X카 사이즈가 경쟁차에 비해 작게 보인다.
   해치백은 그냥 진행하되 노치백은 30mm 더 키우자.
   (실제로 코롤라보다 20mm 작았다.)
9. 라디에이터 그릴을 평범한 격자형에서 가로무늬 혹은 여러 가지 모양으로 추가해보자.
10. 도어 손잡이를 조금 키워보도록 하자.

한편 이즈음 연구소 내부적으로는 고유섀시 개발에 대한 필요성이 높아지며 선행 섀시개발을 본격 추진하기 시작했다. 스텔라 섀시의 기본이 되었던 코티나는 전륜에 더블 위시본, 후륜에 4링크 솔리드 액슬 타입의 서스펜션을 갖고 있었다. 우리는 전륜 서스펜션을 경제적이고 중량도 가벼운 간단한 구조의 맥퍼슨 스트럿 타입으로 변경하고, 후륜은 코티나의 고질적인 문제를 개선한 5링크 타입으로 변경하여 10여 대의 메카프로토 차량을 개발 시험하며 하나씩 경험을 쌓아갔다.

이렇게 개발된 현대자동차의 최초 고유섀시는 1986년 9월 스텔라 페이스리프트 모델에 현가장치 개선을 비교적 조용히 알리며 탑재되었고, 이듬해에는 서울올림픽 LPG 택시 모델을 출시하며 확대 적용되었다. 스텔라 택시는 동일한 차량으로 1997년까지 오랜 기간 판매를 지속했을 정도로 택시 기사들로부터 큰 인기를 누렸던 성공적인 차종이다. 이와 같이 현대자동차의 최초 고유섀시 탑재 차량의 성공적인 결과로 현대자동차는 독자 섀시설계 기술발전에 자신감을 갖고 더욱 박차를 가하게 되었다.

D-Day

1985년 여름 우리는 반 년 앞으로 다가온 미국 수출용 X카의 양산에 대비해 마지막 굵은 땀방울을 쏟아내고 있었다. 결론부터 얘기하자면 X카의 미국 상륙은 하늘 높은 줄 모를 만큼 큰 환희와 좀처럼 바닥을 알 길 없는 심연 같은 좌절 사이를 극단적으로 오가게 했다.

1985년 2월, 울산만의 지형을 뒤바꾼 거대한 위용의 30만 대 공장에서 X카의 5도어 해치백 양산 모델이 쏟아져 나오기 시작했다. 장장 7년여에 걸친 대장정이었다. X카에 부여된 새 이름 포니 엑셀(Excel)에는 그간 현대자동차가 흘린 땀과 눈물, 자부심과 글로벌 자동차 메이커를 향한 푸른 꿈이 고스란히 담겨 있었다. 5개월 뒤에는 미국에 진출할 4도어 노치백 세단 프레스토(Presto)도 양산 라인에 합류했다.

현지 규제에 맞춰 다른 부품들이 적용되는 수출형 AMX 모델은 '서둘지 말고 완벽을 기하자'라는 평소답지 않던 정주영 회장의 충고에 따라 당초 1985년 가을로 계획했던 출시를 늦추고 더욱 신중한 담금질을 이어갔다. 5마일 범퍼와 새로운 디자인의 라디에이터 그릴이 장착됐고, 하이마운티드 스톱램프와 패시브(오토매틱) 안전벨트처럼 미국에만 해당되는 새 부품들이 장착되었다. 미국인 체형과 발 크기에 맞춰 페달 간격도 넓혔다. 코트 걸이, 스키 캐리어, 선루프처럼 서구인들이 좋아하는 편의장치들도 새롭게 채택되었다. 호주는 미국과 법규가 유사하지만 우측 핸들을 쓰기 때문에 별도로 사양 개발을 진행했다.

노치백 세단 프레스토는 한국, 유럽, 캐나다, 미국, 호주 등 지역별로 출시 일정을 확인하면서 동시에 개발이 진행된 첫 프로젝트였다. 이 당시 우리가 처음 배운 것 중의 하나가 '이어 모델'[註]이다. 우리나라에서는 연말까지 준비를 마치고 새해에 신상품을 내놓는 게 상식이지만 가을에 신학기가 시작되는 미국에서는 9월이 자동차 신제품의 출시 시기였다. 일본을 중심으로 미국 시장에 진출한 수입차들은 매년 지난해와 다른 뉴이어 모델, 격년마다 페이스리프트, 4년마다 풀체인지 모델을 출시하고 있었다.

[註] Year Model. 외관과 내장에 소폭의 변화를 주고 편의사양 등을 추가하는 연식 변경 모델.

현대자동차의 포니 엑셀 수출 계획은 다음과 같았다. 수출 첫해의 목표는 미국 5만 대, 캐나다 6만 2,000대, 기타 지역 1만 대 등 총 13만 대였다. 다음 연도의 계획은 이보다 한층 공격적인 42만 대와 55만 대로 잡고 있었다. 미국 수출을 지렛대 삼아 울산의 30만 대 공장을 보란 듯이 풀 가동하겠다는 야심찬 계획이다. 이미 캐나다에서 인기가 있던 스텔라도 포니 엑셀과 동반 수출을 검토했다. 소형차 위주로만 판매하면 수익성이 악화되기 때문에 차 가격이 높고 고급 사양도 옵션으로 적용할 수 있는 중형차를 8,000대 가량 투입해 전체의 이익률을 높여야 한다는 복안이었다.

이에 따라 2.0 MPI 엔진을 탑재한 스텔라의 미국용 페이스리프트 모델이 서둘러 개발되었다. 당시 세계의 주요 자동차 회사들은 미국에서 점차 강화되는 배출가스 규제에 맞춰 새로운 엔진기술을 경쟁적으로 개발했다. 엔진의 연료 공급방식이 대표적이다. 기존의 카뷰레터 연료공급 방식인 FBC(Feedback Carburetor)에서 SPI(Single Point Injection), MPI[註] SOHC와 MPI DOHC로 계속해서 발전하고 있었다.

미국 수출용 포니 엑셀의 막바지 총 점검 기간에는 브레이크, 자동변속기의 가속성능, 시트 착좌감, 카펫 재질, 안전 관련 법규

[註] Multi Point Injection. 전자식 다중 연료분사 방식.

및 PL법 점검, 리콜 대책 등등 그간 집중적으로 보완이 이뤄진 부분들에 대해 다시 한 번 최종적인 확인 작업이 진행되었다.

1986년에는 캐나다 퀘벡 주 브로몽(Bromont)에 현대자동차의 첫 해외 생산공장도 착공했다. 약 2억 9,000만 달러를 투입해 연간 10만 대까지 생산목표를 늘린다는 계획이었다. 포니든 스텔라든 미국에서 판매만 시작되면 캐나다에서처럼 고객들이 줄을 서서 기다리게 될 것 같았다. 특히 '하늘의 별'이라는 이름처럼 국내에서는 누구도 범접할 수 없는 위치에서 반짝거리던 스텔라가 2.0 MPI 엔진까지 장착하면 캐나다에서 거둔 예상외의 수확을 넘어 미국시장에서도 날개 돋친 듯 팔릴 것이라 믿어 의심치 않았다.

비슷한 시기 미국에서는 현지 딜러 모집이 한창이었다. 미국 월간 판매목표 3만 3,000대에 맞춰 초반 300명의 딜러를 600명까지 늘린다는 계획이었다. 6개월 간 미국에 머물며 시장조사를 한 박성학 미국 현지법인장에 따르면 초반 조짐은 매우 좋았다. 캐나다에서 활약한 포니2와 스텔라 소식이 미국 언론을 통해 전해지며 우리 차를 팔겠다는 딜러들이 모여 들었다. 특히 소형차 부문에서 일본 자동차의 줄어드는 수입물량을 한국에서 곧 상륙하는 포니 엑셀이 메꿔줄 거라 여겼다. 품질도 일본차와 비슷할 거라 기대했다.

미국에서는 매년 NADA(National Automobile Dealer

Association) 컨퍼런스가 열린다. 1985년도에는 샌프란시스코에서 개최되었다. 현대자동차 직원들도 참가해 인근 호텔에 머물며 딜러 신청자들과 면담을 했는데 갑자기 경찰이 찾아왔다. 무엇을 하고 있는지 확인하려던 것이다. 그럴 만도 했던 것이 방에만 있어서 몰랐는데 캐나다에서의 성공 소식을 듣고 현대자동차 딜러가 되겠다고 찾아온 미국인들이 1층 로비부터 20층 객실까지 계단을 따라 줄지어 서 있던 것이다. 300명 모집에 지원자가 4천 명이 넘었으니 분명 예사롭지 않은 조짐이었다.

미국 딜러의 총책임자를 통해서는 우리가 계획하고 있던 미국 진출에 대한 솔직한 의견도 청취했다. 포니 엑셀 정도면 현대자동차의 기대만큼은 몰라도 월마다 최소 1만 5,000대 이상은 너끈히 팔 수 있겠다고 장담했다. 4도어 노치백 세단인 프레스토의 차명이 미국인들에게는 그리 신선한 느낌이 아니라는 촌평도 덧붙였다. 이에 덧붙여 안타깝게도 중형차 스텔라는 미국에서 현대 브랜드로 승산이 없다는 냉정한 평가도 이어졌다.

현지 딜러가 된 이들의 요구로 처음으로 상품 클리닉도 개최했다. 부랴부랴 미국 현지로 X카 시작차를 한 대 보내 고객여론조사(customer survey)도 진행했다.

마침내 1986년 1월. 미국 수출형 포니 엑셀의 초도 물량 1,050대를 실은 화물선이 울산항을 출발했다. 한 달 뒤 배가 도착하는

LA 롱비치 항은 화제의 한국산 소형차가 미국에 입성하는 장면을 찍기 위해 모여든 국내외 취재진들로 북적였다. 두근거리는 마음으로 현지의 첫 반응을 기다렸다.

그런데 웬일인지 기대했던 것과 너무 상반되는 결과가 나왔다. 미국 소비자들의 구매 결정에 큰 영향을 미치는 권위지 〈컨슈머 리포트〉에 게재된 평가는 전체 수입차 중 가장 아랫부분에 포니 엑셀의 이름을 올려두고 있었다. 그나마 최하위를 면한 것은 유고슬라비아가 만들어 수출하던 유고(Yugo) 덕분이었다. 포니, 포니 2, 스텔라로 유럽과 캐나다에서 성공한 경험에 우리가 너무 도취되어 있었던 것일까. 아니면 우리 딴에는 포니 엑셀이 그야말로 모든 것을 갈아 넣어 만든 역대 최강 전력이라며 스스로를 최면에 가까운 자만심으로 몰아넣었던 것은 아닐까. 지금 생각해보면 당연한 것이지만 당시로서는 그저 혼란스러울 뿐이었다. "현대자동차는 자동차가 뭔지를 모르고 조립하고 판매하고 있다"는 구보 회장의 말을 수없이 되뇌며 곱씹게 됐던 뼈아픈 10년의 시작점에 서게 된 것이다.

이충구의
포니 오디세이

― 제3막 ―

폭발
Explosion

PONY
ODYSSEY

일보전진

"그런데 말입니다."

예상 밖의 냉담한 반응에 낙담하고 있는데 마치 배우 김상중의 말투처럼 갑작스런 반전이 찾아왔다. 미국 주류언론의 부정적인 평가와 달리 플로리다, 뉴저지, 오리건 등을 통해 속속 수출 물량이 도착하고 3월부터 현지 판매가 본격화되자 딜러들의 전화통은 불이 나기 시작했다.

4월이 되자 유고슬라비아와 꼴찌 경쟁을 하던 현대자동차의 제이디파워[注] 순위는 7위로 수직 상승했다. 그렇게 상반기에만 5만 2,400대의 포니 엑셀이 날개 돋친 듯 팔려나갔다. 이전까지 프랑스 르노가 보유하고 있던 수출 첫해 최다 판매기록을 단 4개월

[注] JD Power and Associates. 미국의 시장조사 기관. 특히 자동차 분야의 권위가 높아 미국 소비자들의 구매 결정에 큰 영향을 미치고 있다.

만에 갈아치운 것이다.

    1986년 포니 엑셀이 미국에서 세운 대미수출 첫해 16만 8,822대, 1987년 미국 시장 수입 소형차 판매 1위(26만 3,610대)의 대기록은 지금까지도 깨지지 않는 신화로 남아 있다. 닛산 센트라, 혼다 시빅을 모두 발아래 둔 것이다. 5위를 차지한 토요타 코롤라는 굳이 비교도 할 필요 없이 포니 엑셀 판매량의 절반에도 못 미치고 있었다. 포니 엑셀은 그해 미국의 유명 경제지 <포춘>의 10대 상품에 이름을 올렸다. 여기에 올림픽 개최국이라는 후광까지 더해진 것일까? 1988년에도 포니 엑셀은 25만 9,935대가 팔려 2년 연속 왕좌를 지켰다.

    지금 봐도 좀처럼 믿기지 않는 기적 같은 일이다. 익히 현대자동차를 경험한 유럽과 캐나다, 일본의 유수 언론들이 포니 엑셀의 경이적인 데뷔를 대서특필하자 미국 현지의 방송들도 큰 관심을 보였다. 마침내 미국 전역의 가정에서 낯선 한국어 '현다이'가 회자되기 시작한 것이다.

    퀀텀 점프(Quantum jump)라는 양자역학 용어가 있다. 원자에 에너지를 가하면 낮은 궤도에서 핵 주위를 돌던 전자가 한 순간 높은 궤도로 도약하면서 에너지 준위가 마치 계단을 오르듯 불연속적으로 증가하는 현상이다. 순간이동처럼 보이는 이런 갑작스런 점프의 개념을 경제학이나 증권가에서는 단기간의 비약적 혁신과 기업실적의 호전을 설명하는 단어로 차용하고 있다.

참으로 다행스럽게도 한국 자동차산업, 그리고 현대자동차의 역사에서는 다른 나라가 한두 번도 경험하기 힘든 퀀텀 점프의 시기들이 여러 번 찾아왔다. 미군이 남기고 간 차체와 부품으로 시동을 건 시발자동차, 무에서 유를 창조해낸 고유모델 포니, 그리고 비로소 세계와의 만남이 시작된 포니 엑셀과 프레스토의 미국 진출이 그러하다. 더욱 고무적인 것은 포니 엑셀의 신화가 완성형이 아니라 이제 막 무대의 막이 오르는 도입부가 됐다는 점이다.

한국뿐만 아니라 세계 자동차 역사에서도 기념비적인 존재가 된 포니 엑셀은 비단 단기간의 성공 신화로만 언급될 일이 아니다. 잘 알려진 대로 포니 엑셀은 초반의 대성공 이후 큰 부침을 겪게 된다. 쏟아지는 소비자들의 불만과 새롭게 드러난 문제점들을 개선하며 미국인과 미국 시장의 자동차 문화를 공부해야 했다. 미국의 유명 토크쇼 진행자인 제이 레노의 조롱도 가뜩이나 갈피를 못 잡고 있던 현대자동차 임직원들의 가슴에 대못을 박았다. "현대자동차는 밀어야 달리는 차"라는 것이다.

이렇게 투명하고 까다로운 시장의 입맛에 대응하는 과정에서 비로소 시작되었다고 할 수 있는 기술, 품질, 소통의 일관성(consistency)은 이후 현대자동차가 수많은 역경과 난관을 뚫고 오늘날 소형차부터 최상위 고급 브랜드와 첨단 모빌리티까지 전

영역에 걸쳐 독일, 일본, 미국과 당당히 어깨를 겨루는 거물로 성장하게 되는 중대한 전환점이었다. 점점 더 완성형으로 성장해간 포니처럼 끝없는 현재 진행형의 프로젝트로서 오늘날에도 수많은 현대자동차의 후속 차량들을 통해 진화를 거듭하고 있다.

포니 엑셀은 바야흐로 현대자동차 55년 역사에서 한 시대가 저물고 또 다른 장이 열리고 있음을 알리는 신호탄이기도 했다. 현대자동차는 포니 엑셀의 미국 수출을 전후해 수시로 최고경영자가 주재하는 회의를 개최했다. 지금으로 치면 품질경영회의다. 정주영 회장은 이 자리에서 가장 중요한 이슈인 미국 수출 상황을 꼼꼼히 챙겼다. 기술진이 어려운 문제에 봉착해 전전긍긍하고 있으면 항성 먼저 아이디어를 던지는 것도 정 회장이었다. 현장의 실무진에게는 공수 줄이는 방안을 제시하고 중역들에게는 매일 현장을 순회하며 원가 절감의 묘안을 찾으라고 말했다.

마침내 미국 수출을 위한 차량 선적이 진행되던 때는 울산항 부두를 돌아보다 두 줄 선적으로 보다 빨리 작업을 끝낼 수 있는 아이디어를 냈다. 호남 지역에 판매되는 차는 시간이 많이 걸리는 육로 대신 인천행 화물선에 싣고 가다 도중에 내려놓는 방안을 내놓기도 했다.

자동차뿐만 아니라 건설, 조선, 하다못해 스포츠까지 무엇을 보든지 그냥 지나치지 않고 고정관념을 뒤집어엎는 그의 모습을 보며 타고난 DNA라는 생각이 들었다. 하지만 나중에 나온 일화집을 보니 그게 즉흥적인 발상이 아니라 잠자리에 들어서도 계속될 만큼 끊임없던 몰입의 결과라는 사실을 알게 되었다.

오늘은 또 어떤 아이디어로 사람들을 놀라게 할까 기대 반 걱정 반으로 촉각을 곤두세웠던 1987년 1월의 품질경영회의. 정주영 회장은 그동안 맡아 왔던 그룹 회장직에 새로운 회장이 취임하게 될 것이라고 선언했다. 앞으로 신규 투자가 필요하거나 적자가 나는 사업, 그리고 서산 간척사업에만 관여하고 나머지 일은 모두 정세영 회장이 이끌어나간다는 것이다.

포니 엑셀의 성공적인 미국 진출로 우리 자동차 산업이 이제 어느 정도 성장궤도에 안착했다는 판단이었으리라 여겨진다. 포니부터 포니 엑셀까지 현대자동차의 퀀텀 점프를 다룬 이번 장의 마무리는 그 도약대나 마찬가지였던 인물이 남긴 혜안들로 마무리하고 싶다. X카 개발 당시의 지시 사항을 메모한 것인데 당시 그가 정열을 쏟았던 현대전자에 관한 대목도 흥미롭다.

■ ■ ■ ■ ■ ■ ■ ■ ■ ■ ■ ■ ■ ■ ■ ■ ■ ■ ■ ■

1. 기술 개발 부문의 유능한 인재를 잘 골라서 채용하라. 현대전자의 경우 채용 결과를 보니까 반은 잘못되어 실패했다.

2. 신 엔진 개발을 독자적으로 못 한다고 생각하는 자체가 문제다. 해결 방법은 언제나 있다. 정신을 집중하여 생각하면 아이디어도 나오고 기억력도 향상된다. 사람의 능력은 무한한데 남의 엔진을 보고도 못 만들어 내느냐?

3. 차가 잘 팔린다고 해서 미개 시절에서 벗어났다고 자만하지 말고, 일본의 경쟁차들과 비교하면서 꼼꼼하게 꾸준히 노력하라.

4. 사람의 능력을 발휘하는 것은 지도자에 달려 있다. 우리나라 기능공들은 기능올림픽에서 좋은 성적을 내면서 중흥기에 있지만 대졸 지도층은 아주 게으르다. 대졸 관리직은 반성하라.

5. 안 되는 일은 얼마든지 있을 수 있지만 노력하면 안 될 것이 없다. 주저주저하는 것이 문제이지 용기와 결심만 하면 모든 것이 안 될 것이 없다. 긍정적인 사고방식으로 부서 조직을 재정비하고 근본적인 개선을 이룰 수 있도록 하라.

6. 두발 상태를 단정히 하고 주변 환경정리도 잘하면 일도 효율적으로 잘된다.

이보후퇴

아카데미 여우 조연상을 수상한 배우 윤여정 씨가 언젠가 한 방송에서 이런 얘기를 했던 게 잊히지 않는다. "칭찬 받는 만큼 비난 받는 게 세상사의 이치"라는 것이다. 미국 시장에서 일약 돌풍을 일으킨 포니 엑셀의 추락에도 날개가 없기는 마찬가지였다.

포니 엑셀의 수출이 시작되고 만 1년이 지난 1987년 5월 북미 대륙으로 출장을 떠났다. 포니 엑셀에서 발생하는 문제점들을 파악하기 위한 현장 방문이다. 3주간의 일정으로 판매법인과 지역별 딜러, 현지에 설립한 연구소 등을 바쁘게 횡단했다. 미국의 자동차 문화가 우리나라는 물론 유럽과도 크게 다를 수밖에 없는 이유를 몸으로 체감할 수 있는 기회였다.

하지만 돌아오는 길은 내내 마음이 무거웠다. 북미 대륙의 변화무쌍한 기후대만큼이나 다채로운 피드백에 어찌 다 대응해야 할지 큰 숙제를 받은 기분이었다. 포니 엑셀은 여전히 잘 팔리고 있었고 수출 부문의 산더미 같은 보고서도 대부분 장밋빛 일색이었지만 그 이면에서는 결코 무시할 수 없는 경고음들이 발생하고 있었다.

LA 근교의 가장 높은 산인 마운틴 발디에서 포니 엑셀과 일본 경쟁차들의 등판성능을 비교했다. 산악 구간에서 포니 엑셀의 엔진 출력이 아쉽다는 미국인들의 불만이 이해가 되었다. 배기가스 규제를 맞추기 위해 급가속을 해도 서서히 RPM이 오르도록 세팅해놓았기 때문이다. 한국에는 등판성능을 시험할 시설이나 방법도 없었다. 비싼 기술료를 지불하고 도입한 미쓰비시의 엔진에도 문제가 많았다. 직접 운전해보니 토요타, 혼다의 동급차량과 차이가 더욱 확연히 느껴졌다. 이상해서 엔진룸을 열고 비교했는데 일본 자동차는 미국 수출용 차량에 내수용보다 더 큰 엔진을 쓰고 있었다.

자동변속기가 장착된 차량 중 상당수에서 오일 호스가 새고, 어떤 차는 아이들 RPM이 저 혼자 오르락내리락 했다. 모하비 사막, 피닉스에서는 뜨거운 기온에 일그러진 포니 엑셀도 직접 목격했다. 후면의 콤비네이션 램프가 강렬한 자외선에 녹아버린 것이다. 모 대학 화공과 출신이라며 플라스틱이라면 자신 있다던 국내 부품업체 대표의 얼굴이 떠올랐다.

엔진이 과열된 차는 라디에이터 그릴을 떼니 그제야 레드존까지 치솟았던 냉각수 온도 게이지가 정상 범위로 내려왔다. 이름 그대로 섭씨 50℃를 넘나드는 죽음의 계곡 데스밸리(Death Valley), LA와 라스베이거스를 연결하는 편도 6시간 거리의 사막 고속도로에서 열을 받은 브레이크가 제 역할을 못했다는 고장 접수도 9건이나 되었다. 직접 현장에 가보니 한국에서는 봄철에나 볼 수 있는 아지랑이 같은 열기가 차창 밖으로 올라오고 있었다. 일본차들보다 열악한 애프터서비스 체계에 대해서도 불평을 털어놓는 딜러들이 많았다.

자동차가 메뚜기처럼 뛴다(Grass-hopping)는 불만도 있었다. 이 이야기를 전해 듣고 사전을 아무리 뒤져도 이해가 되지 않았다. 답답해서 호텔 바에서 팔던 '그래스호퍼'라는 칵테일도 마셔봤지만 연관성을 찾기가 어려웠다. 결국 해당 고객을 찾아가 함께 운전을 해보면서 원인을 발견했다.

미국의 건설공법으로 만든 LA 프리웨이의 시멘트 도로는 일정 간격으로 이음매가 있다. 그런데 특정 속도에 이르니 서스펜션 시스템이 이음매를 통과하며 공명을 일으켜서 진짜로 차가 출렁거렸다. 이 정도는 애교 섞인 불만이라 할 수 있었다.

포니 엑셀에서 발생하는 출발 시의 이상 충격은 일부 고객들의 차량 반품 요구로도 이어졌다. 국내에서 시험할 때에도 뒷바퀴 굴림과 비교해서 약간의 차체 진동이 있었지만 앞바퀴 굴림이 원래 그런 것이겠거니 생각했다. 포니 엑셀의 자동변속기 탑재 차량 진동 문제에 대하여 미쓰비시 측으로부터도 뾰족한 답을 얻지 못했다.

미쓰비시의 3축 변속기가 문제였다는 것은 한참 뒤에서야 알게 되었다. 우리가 만든 포니 엑셀을 OEM으로 받아 자체 브랜드인 프레시스(Precis)로 판매하고 있던 미쓰비시 미국 현지법인을 찾아가 봤다. 미쓰비시는 프레시스 외에도 같은 플랫폼으로 미라지 콜트를 직접 생산해 수출하고 있었다.

내 생각에는 같은 플랫폼이니 분명 동일한 문제들이 있을 텐데 미라지 콜트의 품질에 대해서는 언급하지 않았다. 대신 우리가 공급한 프레시스에서 패키지 트레이가 덜컹거리고, 몰딩 조인트의 앞뒤가 안 맞는다는 등의 문제점만 열거하며 초점을 흐렸다. 토요타도 미국 수출 초창기에 브레이크 시스템 등의 문제로 한동안 고전했다는 귀띔에 조금 위안이 되었다.

미국 현지 변호사에게 PL법에 대한 교육도 받았다. 이전부터 높은 악명 탓에 생소한 법 제도라 막연한 이해만 안고 돌아왔는데, 훗날 실제로 우리 차의 시트 문제로 설계 책임자가 피고인 신분이 돼 미국 법정에 불려 다니면서 그 심각성을 제대로 느끼게 되었다. 자동차 관련 고소고발만 전문으로 하는 변호사들도 부지

기수고 넉넉한 급여의 관련 일자리까지 창출되고 있다는 것도 처음 알게 되었다.

미국인들 특유의 직설적인 평가와 끝도 없는 불만의 목소리들에 짓눌린 나는 결국 어렵게 끊었던 담배를 다시 피워 물었다. 하루에 2갑을 피우던 골초에 1978년 말 과로로 결핵을 앓으면서도 쉽게 끊기 힘들었던 담배였다. 첫 방문인데다 어디다 하소연할 곳도 없던 이국땅에서 그나마 유일하게 위로가 된 게 다시 피워 문 담배였다.

조금만 더 가면 된다 생각했는데 알고 보니 아직도 첩첩산중에 갇혀 있는 것처럼 맥이 풀렸다. 포니 엑셀의 2만 개 넘는 부품 전체가 문제인 것 같은 충격이었다. 피아트와 르노가 미국에서 철수한 이후로 다시는 뒤도 돌아보지 않는 이유를 어렴풋이 알 것 같았다.

복잡한 마음을 안고 돌아온 고국에서는 또 다른 폭탄이 터지고 있었다. 1987년의 민주화 바람을 타고 현대자동차 울산공장에 노조가 결성된 것이다. 아침 출근 때마다 찌그러진 간부들의 차와 깨진 유리창 조각들을 피해 다녔다. 협력업체들도 노사분규의 소용돌이에 휘말리며 부품 생산이 제대로 되지 않았을 뿐더러 부품과 조립 작업의 품질도 계속 역주행했다. 밀려드는 생산 주문과 개발 업무가 모두 뒷전으로 밀려날 수밖에 없었다. 생산라인 확대와 기술인력 충원에 제동이 걸렸고 협력업체의 노사갈등에 대비해 부품개발도 이원화 대책을 세워야 했다. 약 2개월간에 걸친 파업과 직장폐쇄로 회사와 노조 모두 힘이 빠지며 생산량은 급격히 떨어졌다.

엎친 데 덮친 격으로 환율도 불안했다. 달러 대비 원화가치가 절상되며 회사의 수익률은 크게 떨어졌다. 달러나 원화 못지않게 엔화도 중요했다. 엔고 현상에 따라 우리 수출차의 가격 경쟁력이 일본보다 유리해졌지만 많은 부품들이 일본으로부터 수입되고 있었다. 포니 엑셀의 미국 판매가가 약 5천 달러였는데 자동변속기, 브레이크, 배기가스 저감 장치, 베어링, 히터, 에어컨 등 차종 당 약 2천 달러 상당의 주요 부품들이 일본 수입품이었다. 당시의 기록을 보면 1987년에 원화 가치가 1.4% 절상되며 200억 원 가량의 손해가 발생했다. 경영진은 더 어려워지기 전에 30% 정도의 원가 절감이 필요하다고 판단했다. 이에 따라 국산화가 필요한 부품을 다시 선정해 수입품과 가격 비교를 하며 국산화를 추진했다.

1987년의 내우외환은 쉽게 가라앉지 않았다. 7월 15일에는 캐나다 세무 당국이 자국에 수입되는 현대자동차에 대한 덤핑판매 여부를 조사한다고 발표했다. 이들은 현대자동차가 한국 판매가보다 낮은 가격으로 덤핑 판매를 했다고 주장했다. 여러 부문에서 한국 수출품에 대한 덤핑 여부가 제기되기는 했어도 자동차 같은 큰 품목에서 반덤핑 제소는 처음이라 현대자동차뿐만 아니라 정부에서도 큰 충격으로 받아들였다.

덤핑관세 판정은 우리 차 수출의 30%를 점하고 있던 캐나다 시장에서 실질적으로 도태를 의미했고, 더 큰 문제는 이보다 10배 이상 큰 미국 시장으로 파장이 번질 수 있다는 것이다. 아니나 다를까. 신발, 전자제품 등을 둘러싸고 우리와 통상마찰이 최고조에 달하고 있던 미국에서도 결국 빅3를 중심으로 반덤핑을 제소할 것이라는 소식이 전해졌다. 회사에서는 서둘러 반덤핑 전문팀을 구성했다.

와신상담

혁신(革新)의 사전적 정의는 '묵은 관습과 방법을 완전히 새롭게 한다'는 것이다. 살가죽을 벗겨 새 살이 돋게 한다는 원래의 뜻을 이해하면 얼마나 고통스러운 일인지 더 실감이 난다. 포니 엑셀의 짧았던 성공, 그리고 몇 배는 더 길었던 좌절의 시간은 현대자동차 전반의 근본적인 혁신을 불러 일으켰다.

미국 시장에 진출한 포니 엑셀은 1986년부터 1988년까지 3년간의 초반 선전 이후 판매가 급감했다. 18만 대(1989), 14만 대(1990), 12만 대(1991)로 내리막이 이어졌다. 포니 엑셀의 시들해진 인기는 미국 영화에도 등장했다. 줄리아 로버츠가 주연한 '에린 브로코비치'라는 영화다. 여기서 주인공의 차가 바로 포니 엑셀이다. 국내에서는 프레스토라는 이름으로 팔렸다. 주인공 에린은 은행 잔고가 고작 74달러뿐인 세 아이의 가난한 엄마다. 그가 생계를 위해 일자리를 찾으며 타고 다니는 차가 포니 엑셀이었다. 그러나 대기업을 상대로 소송에서 승리하며 신분 상승의 기회를 얻게 된 뒤 에린의 차는 포니 엑셀에서 GM의 쉐보레 블레이저로 바뀌게 된다.

세계 자동차 역사에 새로운 신화를 쓴 포니 엑셀이 단 3년 만에 저소득층을 상징하는 자동차로 몰락한 것이다. 이 장면은 이후 미국 시장의 신뢰를 회복하기까지 걸리게 될 오랜 와신상담의 시간을 상징적으로 보여주는 예고편이나 마찬가지였다.

현대자동차 최초의 현지화 전략으로 야심차게 추진했던 캐나다 브로몽 공장도 완공된 지 채 4년밖에 되지 않은 1993년 가동이 중단되었다. 가동률이 20% 이하로 떨어지며 당초 목표였던 연간 10만 대 생산에 크게 못 미쳐 손해가 발생하고 있었던 것이다.

현대자동차는 이제 밑바닥부터 다시 태어나야 했다. 그동안 아무것도 없는 척박한 토양에서 자생적으로 구축해온 성과들까지 완전히 바닥에 내려놓고 다시 살아남기 위해 몸부림쳐야 할 일이었다. 미국 시장의 투명하고 냉정한 평가 이후 회사 내에서는 계속해서 특단의 조치들이 이어졌다. 마치 한국전쟁 당시 중공군의 인해전술 같은 느낌이었다.

품질관리 영역뿐만 아니라 생산기술, 구매개발, 연구소까지 기술 인력이 대폭 확충되었다. 당시 울산의 기술연구소 인원은

1,600명 수준이었는데 상용차 개발에 600명, 승용차 개발에 1,000명 정도 투입되었다. 이들은 대부분 경력 3년이 채 되는 않는 신입사원들이었다.

원래 울산 염포 지역에 있던 기술연구소의 승용차 개발 파트는 급증하는 인력과 시설을 수용하기 위해 명촌 지역의 프루빙 그라운드 옆으로 새로 지어 이전했다. 승용 시작실은 늘어나는 일을 소화할 수 있도록 시작차 제작 능력도 크게 늘렸다. 개발 차종이 크게 늘어나고 있던 것도 있지만 특히 미국에 수출되는 개발 차량을 제대로 시험하려면 시작차부터 제대로 제작해야 한다고 결론을 내렸기 때문이다.

시험 항목 역시 더욱 강화되었다. 내구성, 혹서와 혹한 테스트 등을 국내뿐만 아니라 해외 현지에서 반드시 시험하도록 했다. 또한 선회, 요우, 응답 특성, 조타 응답성, 고속주행 같은 주행 및 핸들링 시험들을 소화할 시험로도 빠짐없이 보강했다.

기술연구소에서는 포니 엑셀의 개선 솔루션을 고심한 끝에 아예 새롭게 출발하자는 방향으로 가닥을 잡았다. 포니 엑셀을 대신할 후속 모델 X-2(엑셀) 개발에 박차를 가하기로 한 것이다. 1989년 4월, 아주 빠른 일정으로 개발이 완료된 3세대 소형차 모델 엑셀의 양산이 시작되었다.

보다 완벽한 북미 위주 상품으로 개발된 엑셀은 그간 미국법인

(HMA)과 현지 소비자들의 요구사항들을 철저히 반영하고 승차감, 핸들링, 트레일러 장착 등의 시험을 집중적으로 실시했다. 신차종 투입으로 생산라인이 복잡해짐에 따라 포니 엑셀은 단산 결정이 내려졌다. 이로써 포니 엑셀은 불멸의 신화와 그보다 더 큰 교훈을 남기고 역사의 뒤편으로 물러났다.

수출본부는 북미시장에서 재기하려면 4년마다 한 번씩 풀모델 체인지를 해야 한다고 강변했다. 또한 2년에 한 번은 성형 수술에 준하는 페이스리프트를 해야 했고, 매년 한 번씩 치장 개념의 이어 모델도 해야만 했다. 토요타나 혼다가 그렇게 하고 있었다. 감히 아무도 반대할 수가 없었다. 이 룰은 이후 1998년까지 10여 년간 아무도 건드리지 못하는 철칙이 되었다. 곧바로 중장기계획이 수립됐고 또 즉시 실행에 옮겨졌다. 현대자동차가 종합자동차회사로서 구색을 갖추려면 빠르게 신제품을 늘려가야 했다. 중소형급 J카, 대형급 L카 프로젝트가 추진되었다. 이에 질세라 내수 판매 본부장은 경차를 추가해야 한다고 목소리를 높였다.

현대자동차의 또 다른 암묵적인 룰은 식구가 늘어나면 끝까지 잘 키워야 한다는 것이다. 즉 한 번 생겨난 모델은 결코 죽이는 법이 없었다. 실제 당시 현대자동차에서 개발한 차종들은 지금까지 단 한 차종도 없어지지 않고 계속해서 새로운 리모델링을 통해 고객들과 만나고 있다. 하지만 당시에는 보듬어야 할 자식들이 갑자기 너무 많이 늘어난다며 질책이 쏟아지기도 했다. 자식을 낳자고 할 때는 언제고 이제 와서 육아가 힘들다고 불평하는 게 야속한 마음도 들었다.

무모했던 도전 이후 온갖 수모와 시련 속에 우리는 다시 새로운 기회를 기다리며 준비했다. 하지만 뼈를 깎는 노력에도 한 번 떠난 고객의 신뢰는 쉽사리 다시 돌아올 기미가 보이지 않았다. 그렇게 미국에서 다시 일어설 때까지 10년이란 긴 시간이 필요할 줄은 아무도 예상하지 못했다.

East to West

'담담한 마음을 가집시다. 담담한 마음은 당신을 굳세고 바르고 총명하게 만들 것입니다.'

정주영 회장이 기술연구소에 남긴 친필 휘호다. 이 메시지는 마치 롤러코스터 같던 첫 번째 미국 진출의 성공과 좌절 속에서 혼란에 빠져 있던 현대자동차 모두에게 일희일비하지 말고 기술 개발에만 정진할 것을 권하는 듯했다.

1980년대 말 미국 진출 시기와 맞물려 정점으로 향하던 노사 분규와 제품 경쟁력의 한계 등으로 계속 내리막길을 걷는 가운데서도 현대자동차는 미국 시장을 포기하지 않았다. 우리에게는 퇴로가 있을 수 없었고 전진하는 길밖에 없었다. 이때는 상품 개발의 모든 목표가 미국 시장 턴어라운드에 맞춰져 있었다고 해도 과언이 아니다. 기술적인 역량에서도 근본적인 개혁이 일어났다.

특히 미국 시장에서 기술적 한계를 확인한 미쓰비시의 3축 엔진을 2축 엔진으로 극복하는 과정은 현대자동차가 미국 재도전의 자신감을 회복함과 동시에 역설적으로 미쓰비시 자동차를 넘어서게 되는 중대한 분수령이 되었다. 미쓰비시는 내가 미국 출장에서 확인한 출발과 추월 시의 이상 충격 같은 심각한 소비자 불만에 대해 우리만큼 심각하게 생각하지 않았다. 이미 포기한 상태이든지, 아니면 자식의 결점을 알면서도 애써 감추고 싶어 하는 마음과 비슷한 것 같았다.

하지만 그런 중에도 미국에서는 계속해서 포니 엑셀의 운전성능(drivability)에 문제가 있다는 경고가 들어왔고 엔진의 회전 방향이 토요타, 혼다와 다르다는 말까지 들려왔다. 놀라서 확인해 보니 실제로 다른 회사의 차들은 변속기가 운전석, 엔진이 조수석 쪽에 배치되어 있는데 우리 차는 반대로 되어 있었다. 그야말로 청천벽력이었다.

앞바퀴 굴림 차량은 엔진과 변속기에 따라 엔진룸 레이아웃이 크게 달라진다. 2축 변속기일 경우에는 엔진이 오른쪽(East-West), 3축 변속기일 경우에는 왼쪽(West-East)에 배치되는 것이다. 폭스바겐, 아우디, 토요타, 혼다, 닛산은 모두 East-West 방식의 2축 변속기를 선택하고 있었다. 오로지 미쓰비시, 그리고 기술제휴를 맺은 우리만 West-East 방식의 3축 변속기를 탑재하고 있었다.

미쓰비시는 왜 남들과 다른 방식을 선택했을까? 미쓰비시 측의 기술진은 기어의 회전 방향을 바꾸는 아이들러(idler) 기어를 넣어 변속기의 축간거리를 줄이면서 엔진을 쉽게 탑재하는 방식을 고안했다고 한다. 앞바퀴 굴림 방식에서는 엔진과 변속기를 두 앞바퀴 사이에 구동축과 평행으로 가로 배치해야 한다. 따라서 변속기의 외형 길이가 짧을수록 공간을 효율적으로 사용할 수가 있다. 이에 착안해 남들과 다르게 축을 하나 더 추가해서 기술특허까지 받았다고 강변하고 있었다.

엔진룸의 공간 활용 면에서는 획기적인 아이디어였고 충분히 이해할 만했다. 하지만 실제 시험 과정에서 엔진 플라이휠과 자동차 바퀴의 서로 다른 회전 방향 때문에 생기는 부작용은 왜 걸러내지 못했을까? 대부분의 자동차 회사들과 다른 방식을 채택하려면 더 깊이 따져봐야 했을 일이다. 하지만 "너희도 바꿔야 되는 것 아니냐"는 질의에 미쓰비시는 그럴 계획이 없다는 대답을 내놨다.

미쓰비시는 당시 한때나마 일본의 빅3 중 3위인 닛산을 추월하며 기술력에 대한 자신감이 한껏 고조되던 시기였다. 미쓰비시의 경영층도 미국시장에서 제기되는 3축 엔진의 문제를 외면하며 오히려 장점을 옹호하고 있다고 들려왔다. 당시 미국 판매대수가 현대자동차보다 적은 것도 소극적인 대응을 자초하지 않았나 싶다.

이 시점에서 우리와 미쓰비시의 가는 길은 확연히 갈리기 시작했다. 우리는 달라야 했다. 최대 승부처가 될 미국 시장에서 소비자 불만의 원인이 명백해진 이상 해결책을 찾아야 한다. 독일, 일본과 경쟁하기 위해서는 당연히 바꿔야 된다는 게 엔지니어로서의 내 상식이었다.

하지만 문제는 간단치 않았다. 누구도 쉽사리 2축으로 바꾸자는 이야기를 꺼내기 어려운 상황이었다. 우리 역시 이미 30만 대 규모의 3축 방식 엔진과 자동변속기 전용 생산 공장을 완성한 상태였다. 만일 지금에 와서 2축 변속기와 엔진을 선택한다면 지금까지 투자한 비용 이상의 막대한 재투자가 필요했다. 설령 2축으로 바꾸더라도 기존에 판매된 차들의 애프터서비스를 생각하면 3축 변속기와 엔진도 계속 생산해야 한다. 설계, 생산, 자재관리, 유지보수 전 영역에 걸쳐 엄청난 이중 부담이었고 회사 내에 관계되지 않는 사람이 없는 중대사였다. 그나마 다행이라면 미쓰비시의 그늘에서 벗어나기 위해 독자 개발 중이던 3축 엔진의 시설투자가 아직 시작되지 않았다는 정도였다.

이러지도 저러지도 못하는 딜레마가 계속되는 가운데 경영진을 비롯한 회사의 모든 이들이 기술 책임자인 나의 입만 바라봤다. "미쓰비시도 안 하는데 우리가 바꾸는 게 맞아?" "또 다시 대규모 투자를 감당할 수 있을까?" "변경만 하면 미국 진출은 이제 문제가 없는 거지?" 회사의 존망을 가를 만한 선택이 오롯이 나의 결정에 맡겨지는 분위기였다. 물론 지금의 선택이 어떤 결말로 이어질지는 장담할 수 없었다. 하지만 바꿔야 했다.

어림잡아도 수천 억 원이 들어가야 할 일인 만큼 대단한 용기가 필요했다. 결국 다시 처음부터 새로운 플랫폼을 구축해야 한다고 결정했다. 당시 전성원 사장이 경영진을 설득하는 데 큰 힘이 되었다. 특히 막대한 재투자 결정을 정주영 회장에게 어떻게 담담한 마음으로 보고를 했는지, 결재 현장의 분위기는 지금도 베일에 가려 있다. 현대자동차는 막대한 출혈을 감수하고 다시 새로운 도전에 다 함께 맞서게 된다.

Y카 '쏘나타'

비록 미국 진출 실패의 여파와 극심한 노사분규의 내홍이 계속되고 있었지만 1980년대 말의 현대자동차는 이미 국내에서 누구도 범접하기 힘든 경지의 종합자동차회사의 지위에 올라 있었다. 기술과 경험을 해외에 의존하는 온실 속 화초이기보다 비바람을 각오하고 모두가 안 된다던 독자 생존의 길을 모색한 결과라 하지 않을 수 없다.

내수시장의 급성장도 큰 힘이었다. 우리나라는 1988년 서울올림픽을 신호탄으로 새로운 시대로 접어들고 있었다. 급속한 경제성장과 개인소득의 향상 속에 자동차는 더 이상 업무용이나 부를 과시하는 수단이 아니라 개인과 가족을 위한 생활 필수품이라는 인식이 확산되었다.

1986년 15만 대 정도였던 국내 승용차 시장은 1988년 세 배가 넘는 50만 대를 넘어서며 본격적인 자동차 대중화의 시대가 열리고 있음을 실감하게 했다. 이런 한국의 모터라이제이션은 단연코 당시 최고의 전성기를 구가하던 스텔라, 그리고 스텔라의 고급화 모델인 쏘나타가 이끌었다고 해도 절대 과언이 아니다.

스텔라는 현대자동차의 두 번째 '찐' 고유모델이자 중형차 라인업의 시발점이 되었다. 스텔라는 특히 점점 더 높아지던 국내 고객들의 눈높이에 맞춰 진화를 거듭한 차종이다. 또한 스텔라의 명성을 이어받으며 대한민국 최장수 브랜드가 된 쏘나타를 통해 미국시장에서 재기하는 데도 큰 기여를 하게 된다. 드라마 '오징어게임'의 황동혁 감독이 미국에서 에미상을 받으며 이런 수상 소감을 전한 바 있다.

"한국 시청자들이 굉장히 까다롭다. 조금 뭔가 안 좋으면 질책도 많이 하고 나무라기로 유명하다. 그런 곳에서 영화를 만들어온 세월들이 조금이라도 발전하고 더 나은 작품을 만들 수 있는 데 도움이 된 것 같다. 우리 국민부터 만족시켜야겠다는 마음으로 작품을 만든 게 좋은 결과로 이어진 것 같다."

그저 까다로운 한국 관객의 입맛에 맞추려고 노력하다 보니 세계에서도 인정받게 되었다는 것이다. 나 역시 깊이 공감할 수밖에 없는 내용이었고 뉴스를 접하며 가장 먼저 머릿속에 떠오른 단어 역시 다름 아닌 '쏘나타'였다.

1세대 쏘나타는 일종의 스텔라 부분 변경 모델로 출발했다. 1983년 우리는 그해 첫 출시된 스텔라의 다양한 시장 확대 전략과 동시에 이미 새로운 회심의 중형차 개발에 돌입하고 있었다. 불을 지핀 것은 정주영 회장의 획기적인 아이디어와 야망이었다. 스텔라를 최대한 고급화해 당시 한 단계 위의 차로 평가받던 대우자동차의 레코드 로얄을 확실히 누르자는 것이다.

당초 우리는 레코드 로얄을 중형차급인 스텔라의 경쟁 차종으로 전혀 생각하지 않고 있었다. 독일 오펠사가 개발한 레코드 로얄은 2,000cc의 엔진 배기량으로 보나 차체 크기로 보나 모두 대형차급이었다. 중형차인 스텔라의 가솔린 모델은 1,400cc부터 1,600cc까지였다. 하지만 정 회장은 애착과 자부심이 큰 스텔라가 초기 판매량에서 레코드 로얄에 밀리는 것에 불만이 컸다. 당연히 울산공장 회의실은 난리가 났다.

"스텔라가 왜 레코드 로얄보다 안 팔려? 당신 전공이 뭐야?" 당시 판매 책임자는 화학공학을 전공한 고 김수중 사장이다. "화학공학 전공한 사람이 자동차 판매 책임자로 앉아 있으니 레코드 로얄보다 못 파는 게야. 머리를 좀 써봐. 머리가 못 따라가니까 머리카락이 하얗게 세는 거 아냐!" 호된 면박이 뒤따랐다. 서슬이 퍼런 눈은 김수중 사장을 보면서 목소리는 이양섭 공장장과 회의실에 참석한 모두를 향해서 날아가고 있었다. 그렇잖아도 회의를 시작하자마자 이양섭 공장장에게 이미 한 차례 뭔가 나지막이 나무라는 소리가 들려 싸늘해졌던 분위기는 한층 더 급격히 얼어붙었다. 원래 일찍부터 흰머리가 아주 잘 어울렸던 고 김수중 사장은 이후 평생 머리를 까맣게 염색하고 다녔는데, 훗날 현대자동차의 높은 국내 판매실적과 함께 노사문제를 포함한 탁월한 공장 운영능력으로 결국 정 회장에게 큰 업적을 인정받게 된다.

한편으론 스텔라의 체급에 대한 인식도 정 회장에게는 고정관념에 불과했다. "이제 소비자들은 중형차보다 대형차를 선호하는데 스텔라는 레코드 로얄보다 사이즈가 작습니다." "그래? 그럼 폭도 넓히고 길이도 늘리면 되잖아."

계속해서 차분한 어조로 아주 구체적인 지시 사항들이 떨어졌다. 본인이 직접 프로젝트 매니저가 되겠다는 선언이나 마찬가지였다. 그가 결정한 고급화 대상 품목은 가죽시트, 5단 변속기, 광폭 타이어, 안개등, 3웨이 스피커의 고급 오디오 시스템, 고급 카펫까지 무려 10여 가지가 넘었는데 당시로서는 대부분 기술적으로 국내 생산이 어려운 품목들이었다.

또한 카탈로그 사양에서 열세인 후드탑 마크, 리어 도어 암레스트, 2톤 보디 컬러, 블랙 컬러 도어 프레임도 판매부서의 요청을 받아들여 다 포함시켜야 했다. 이는 사양이 뒤처져서 못 판다는 핑계의 소지가 될 만한 것들을 아예 몽땅 없애라는 지시이기도 했다.

이 모든 것을 6개월 내에 마치라는 정 회장의 지시는 거스를 수 없는 지상 명령인 동시에 고스란히 쏘나타의 탄생을 준비하는 상품기획서가 되었다. 놀랍게도 실제로 스텔라 고급화 모델, 즉 쏘나타는 1984년 2월 설계가 완료된 후 정확히 여섯 달 뒤인 8월부터 양산이 시작되었다. 짧은 개발 일정은 기술진을 포함해 현대자동차 모두를 바짝 긴장시켰는데 특히 아슬아슬하게 기한을 맞춘 개발 부품으로 라디에이터 그릴이 기억에 남는다.

정 회장은 라디에이터 그릴과 범퍼, 도어 아웃사이드 핸들, 사이드 몰딩은 레코드 로얄보다 더 '삐까번쩍'하게 크롬 도금으로 해야 한다고 강조했다. 고급차에는 크롬 코팅 부품들을 많이 써서 광택 면적을 넓히는 게 세계적으로도 유행했던 시절이다. 하지만 고광택의 라디에이터 그릴은 국내 기술 수준으로 품질 보장도 어려울 뿐더러 일본에서 금형을 제작해도 6개월은 걸리는 품목이었다.

개발 책임자인 이수일 사장의 이런 설명에 정 회장은 순발력 있게 몇 명이 금형 제작에 동원되느냐고 물었다. 일체형 부품이라 아주 숙련된 금형 베테랑 한 명이 제작한다는 답을 들은 그는 라디에이터 그릴의 모형을 꼼꼼히 살폈다. 그리고 그릴의 가로 무늬 줄이 6개이니 여섯 명을 투입하면 한 달 안에 가능한 것이 아니냐는 기상천외한 질문을 던졌다. 어찌 생각하면 어린아이 같은 순수한 아이디어였는데 얼마나 설득력이 있었는지 일본 금형회사도 감동적으로 받아들였다. 결국 그의 말대로 개발기간은 반으로 줄어들었다. 라디에이터 그릴은 일본 업체에서 3개월 만에 개발이 완료되었다.

쏘나타의 등장은 한국의 중형차 시장을 폭발시켰다. 얼마나 인기가 많았는지 한때는 고등학생들 사이에 쏘나타의 로고 중 'S'를 떼어서 간직하고 있으면 서울대에 갈 수 있다는 미신이 퍼져 'ONATA'가 된 채로 돌아다니는 차도 많았다.

1985년 11월 출시된 쏘나타는 잠시 '소나타'라는 차명을 갖고 있었는데, 좀 더 강한 이미지를 주기 위해 다음해 '쏘나타'로 변경했다. 1988년 2세대 쏘나타(Y-2)는 동급의 경쟁차종인 대우의 로얄 프린스, 기아의 콩코드를 저만치 멀리 앞서게 되었고, 계속해서 3세대(Y-3), 4세대(EF), 5세대(NF), 6세대(YF), 7세대(LF), 8세대(DN8)로 이어지며 한국을 대표하는 패밀리 세단으로 확고히 자리를 잡게 된다. 포니 신화에 이어 다시 한 번 '좋은 차는 잘 팔린다'는 단순한 진리를 일깨우며 현대자동차를 1980년대 말의 위기로부터 구해낸 것이다.

우리에게 없던 고급 대형차를 중형차인 스텔라 플랫폼의 가지치기 모델 쏘나타로 극복했던 정주영 회장의 아이디어와 놀랄 만큼 신속한 개발 기간은 이후 해외학술대회에서도 연구결과가 발표될 만큼 보기 드문 마케팅 성공사례로 자리를 잡게 된다. 1995

년 출시된 마르샤(Marcia)도 이 성공 사례를 본받아서 그랜저와 쏘나타의 갭을 메우기 위해 소나타처럼 짧은 기간 등장했다가 사라진 모델이다.

한편 쏘나타의 상품기획 과정에서는 국내 경쟁차인 레코드 로얄을 넘어 향후 세계 중대형차 시장 진출을 위해 1,600cc의 스텔라보다 더 큰 배기량의 엔진이 필요하다는 의견이 제기되었다. 이에 따라 쏘나타에는 미쓰비시에서 2,000cc 시리우스 엔진을 도입하고 이후에는 2,800cc의 레코드 로얄보다 큰 3,000cc 엔진까지 탑재했다.

하지만 미쓰비시의 엔진을 도입하는 것은 매번 어려운 협상 과정을 거쳐야 했고 비용도 많이 들었다. 로열티 비용이 엔진 원가의 10% 이상을 차지했다. 정주영 회장도 자동차 엔진 이야기만 나오면 왜 우리가 엔진을 못 만드냐며 답답해했다. 임원들에게도 쉴 새 없이 독자 엔진의 개발 가능성을 타진하곤 했다. 그럴 때마다 대답은 대부분 "아직 어렵다"는 것이었다.

그러던 어느 날, 정 회장은 다시 한 번 질문과 아이디어가 섞인 화두를 던졌다. 토요타에서 엔진 샘플을 한 대 들여와 그대로 측정하고 설계해서 만들면 되지 않느냐는 것이다. 안 된다는 이야기가 나오면 '빈대만도 못하다'는 불호령이 떨어지던 시절이었다. 빈대 이야기는 그가 젊은 시절 숙소에서 빈대와 싸우다 깨달은 경험담이다. 빈대 때문에 잠을 못 자는 날이 너무 많아 결국 기어오르지 못하게 책상 다리들을 모두 물을 채운 대야에 담근 것인데, 며칠이 지나자 빈대가 천장으로 기어 올라가 사람 위로 떨어지는 지혜를 발휘하더란 것이다.

정 회장은 현대자동차의 본격적인 독자 엔진 개발 계획을 확정하고 경기도 용인 마북리에 엔진개발연구소 설립을 지시한다. 소위 '울산 핸디캡' 때문에 R&D 인력 유치가 어렵다는 하소연을 기억하고 수도권에 과감한 투자를 결정한 것이다.

현대자동차가 신차종 개발계획에 프로젝트 이름을 부여한 것은 미국 진출을 위해 만든 X카 프로젝트(포니 엑셀)가 처음이다. 알파벳 순서로도 알 수 있듯이 Y카 프로젝트(쏘나타)는 X카 프로젝트의 후순위로 시작되었다. X카 포니 엑셀은 포니, 포니2를 잇는 포니 모델의 3세대이다. 미국 진출을 겨냥해 개발을 시작한 Y-2 쏘나타는 스텔라 고급화 모델 쏘나타의 2세대 모델이다. 포니 엑셀이 뒷바퀴 굴림 방식의 포니에서 앞바퀴 굴림 플랫폼으로 바뀌었듯이, 쏘나타 역시 뒷바퀴 굴림 스텔라에서 앞바퀴 굴림 방식으로 바뀌게 된다. 1986년 미국에 진출한 포니 엑셀과 1988년 말 미국 수출이 시작된 쏘나타는 앞바퀴 굴림 방식이라는 동질성을 갖고 있다.

한편 스텔라는 1987년 캐나다 수출용과 동일한 사양인 스텔라

CXL이 국내에 시판됐다. 1990년에는 1,800cc 엔진을 추가해 1997년까지 생산하게 된다. 늘 주문량이 밀려 있을 만큼 인기를 누렸던 스텔라는 14년간 총 438,317대가 출고되었다. 스텔라는 1986년 현대자동차의 첫 미국 진출이 시도되던 당시 수출은 안 하는 것으로 결정되었다. 대신 Y-2 프로젝트로 진행된 앞바퀴 굴림 쏘나타가 1988년부터 캐나다 브로몽 공장에서 동시에 생산되기 시작했다. 브로몽 공장에서 만든 쏘나타는 1989년 1월부터 판매가 시작돼 그해 29,066대, 1992년에는 17,196대 판매 기록을 세우고 이듬해 생산이 중단됐다.

Y카 프로젝트는 1983년 시장에 선보인 뒷바퀴 굴림 스텔라부터라고 할 수 있다. 최근 자동차 전문 유튜버들이 전하는 내용 중에 간혹 1985년 스텔라 플랫폼에서 파생된 뒷바퀴 굴림 쏘나타와 1988년 앞바퀴 굴림 쏘나타를 혼동하는 경우가 있다. 현대자동차 연구소 내에서 이런 혼란을 막기 위해 1세대 스텔라를 Y-1, 1985년의 1세대 쏘나타를 Y-1 고급화 사양, 1988년의 앞바퀴 굴림 2세대 쏘나타를 Y-2 프로젝트로 정리했던 기억이 난다.

스텔라 페이스리프트의 고유섀시 개발을 통해 자신감을 얻은 우리는 곧바로 다음 세대 고유섀시 개발을 추진했다. 1년여의 설계, 개발 끝에 1988년 말 메카프로토 1호 제작을 시작으로 수많은 시행착오와 성능개선을 거듭했고, 1994년에 이르러 어느 정도 경쟁력 있는 섀시를 갖추게 되었다. 이 고유섀시는 EF 쏘나타에 적용되어 북미 시장에서 높은 평가를 받으며 현대자동차의 제품력을 한층 더 끌어올리게 되었다. 당시 이언구 부장이 이끌었던 선행연구 차량개발팀이 큰 역할을 했다.

새로운 시도를 할 때는 항상 의견이 엇갈려 논쟁이 있기 마련인데, 4세대 EF 쏘나타 개발 시에는 현대자동차의 고급 중형차인 만큼 연구소 설계부문의 논쟁은 더욱 치열했다. 2세대 Y-2, 3세대 Y-3와 같이 당시 미쓰비시 중형차인 뉴갤랑(New Galant)에 신규 적용된 멀티링크 서스펜션을 비용을 지불하더라도 기술도입하자는 의견과, 충분히 성능이 검증되었으니 독자 개발한 고유섀시를 적용하자는 의견이 팽팽히 맞섰다. 나는 시점을 정해 두 시험차를 비교 시승하며 결정하자고 결론을 내리고, 최종적으로 고유섀시 적용 쪽의 손을 들어주었다. 이후 많은 성능개선과 함께 EF 쏘나타 페이스리프트, NF, YF 등의 발전 과정을 거치면서 현대자동차의 섀시 기술은 세계적인 경쟁력에 도전하기 시작했다. 결과적으로 이 결정은 이후 현대자동차에 독자설계 및 독자개발의 자신감을 갖게 한 것은 물론, 개발경쟁력에 막대한 잠재 효과를 가져다 준 고유 플랫폼 공용화 및 단순화 작업에 결정적인 단초가 되었다고 생각한다.

기함(旗艦) 건조

플래그십(flag-ship), 우리말로 기함은 해군 함대 제독이 승선하는 대장선을 일컫는다. 자동차 회사들 역시 메르세데스 벤츠의 S-클래스, BMW 7시리즈, 재규어 XJ처럼 자사 최고의 성능과 기술을 집약한 플래그십 모델, 이른바 '회장님 차'로 자존심 대결을 벌인다.

포니와 쏘나타가 각각 대한민국의 소형차와 중형차 역사를 이끌었다면 그랜저는 국내에 대형 고급세단 붐을 일으킨 첫 번째 플래그십 모델이다. 그랜저의 프로젝트명인 YFL은 쏘나타(Y)의 앞바퀴 굴림 롱바디(Front wheel drive Long body)라는 의미이다.

지금껏 '각 그랜저'로 회자될 만큼 파격적인 볼륨감으로 유명한 그랜저는 1980년대 부와 권력의 상징으로 지금도 드라마와 영화에서 곧잘 소환되곤 한다. 그랜저는 이후 세대를 거듭하며 에쿠스, 제네시스 G90으로 이어지는 현대자동차 플래그십 세단의 계보를 형성하게 되는데, 그 과정에서 공동개발자였던 미쓰비시 자동차에 품질과 판매량 모두 확실한 우위를 점하게 되면서 소형차부터 대형 고급세단까지 전 차종 독자 구축에 더욱 큰 자신감을 갖게 된 프로젝트이다.

1980년대 초반, 포니와 스텔라라는 고유모델을 갖게 된 우리는 첫 기술 제휴사인 포드와 완전 결별을 준비하고 있었다. 먼저 코티나의 생산이 중단됐고 이어 그라나다를 단종하며 대형승용차 급에서 대체 모델이 필요해졌다.

1986년에 출시된 1세대 그랜저는 미쓰비시의 주력모델인 데보네어(Debonair)가 기반이 되었다. 데보네어는 토요타 크라운에 밀려서 미쓰비시 그룹의 산하 회사들 위주로 팔려 한해 생산량이 기껏해야 300대 미만에 머물고 있었다. 미쓰비시로서는 엄청난 투자비를 들여서 새 모델을 개발할 수 없는 상황이었는데 우리와 공동개발을 하면서 20년 만에 풀체인지라는 숙원사업을 해결할 수 있는 기회이기도 했다. 게다가 로열티까지 별도로 챙기는 일석이조의 프로젝트이니 마다할 이유가 없었다.

현대자동차는 그라나다의 후속 모델 확보라는 첫 번째 목표와 함께 설령 공동 개발이 성사되지 않는다면 미쓰비시의 V6 엔진만이라도 도입할 수 있기를 바랐다. 그만큼 큰 배기량의 엔진은 성장일로인 국내 대형차 시장의 수요 대응을 위해 꼭 확보되어야 할 지상과제였다. 결과는 모두에게 '윈-윈'이었다. 미쓰비시는 플래그십 모델의 회생에 성공하며 그룹 차원에서 자존심을 살렸고, 우리는 그랜저의 선풍적인 인기 속에 한국 자동차산업의 리더 지위를 더욱 확실하게 굳혔다.

ABS, 크루즈컨트롤 시스템, 원터치 풀 플랫 시트 같은 첨단사양으로 무장한 1세대 그랜저는 토요타 렉서스, 닛산 프레스티지 등의 플래그십 모델들과 비교해도 전혀 손색이 없는 최고급 승용차였다. 단지 미쓰비시와 공동개발로 일본의 도로 환경을 고려하다보니 차폭을 더 넓히지 못한 것만 아쉬움으로 남았다.

6년 후에 개발된 2세대 그랜저 역시 미쓰비시와 공동 개발이었지만 1세대와 다르게 현대자동차가 전체 프로젝트를 주도하는 형국이 되었다. 그랜저는 매월 5천대 씩 팔려나가며 이미 국내 대형차 시장에서 독주체제를 굳히고 있었는데, 각진 에지(Edge) 스타일 대신 유려한 곡선의 랩어라운드(Wrap around) 스타일로 플래그십 세단의 자리를 더욱 공고히 할 필요가 있었기 때문이다. 반면 미쓰비시의 데보네어는 여전히 한 달에 2백 대도 팔리지 않고 있었다.

1세대 그랜저는 미쓰비시가 개발하고 생산만 양사가 동시에 진행했지만, 2세대는 명실상부한 공동개발과 공동생산 형태가 되었다. 스타일링과 차체 의장 설계도 우리가 주도하고 미쓰비시는 약간의 의견만 가미하는 것으로 결정되었다. 양사가 합의한 스타일링 방향은 두 회사 모두의 최고급 차량인 만큼 중후하면서도 클래식한 3박스 노치백이어야 한다는 것이었다. 토요타 렉서스나 닛산 인피니티 같은 날렵한 스타일링은 중후함을 훼손시킬 수 있어 배제되었다.

격조 높은 외관 스타일링을 구현하기 위한 의견들도 많이 오갔다. "후드는 슬랜트 노즈가 아니고 앞쪽을 약간 올리는 대신 범퍼 하단을 높여 보완한다. 멀리서 보면 상자 모양(Boxy)이지만 가까이에서 보면 라운드가 있는 모던한 이미지, A-필러와 C-필러를 세워서 되도록이면 차량을 크게 보이게 한다. 감성적인 보편성을 중시하면서 아름답고 매력적으로 보이게 해야 한다. 디자인 콘셉트는 벤츠, BMW, 재규어 같은 럭셔리 브랜드와 닮아서도 안 되고 차별화해야 한다"는 것으로 압축되었다.

3차원 곡률의 유리, 신기술이 적용된 헤드램프, 풀 컨실드 와이퍼 시스템 등 각종 최신 기술들을 최대한 많이 적용시키기로 했다. 한국에서 개발이 어려운 것은 일본에서 개발하기로 했다. 스타일링은 품평 과정을 통해 양사 최고 경영층의 뜻을 일치시켜 가면서 진행되었다. 아이디어 스케치, 렌더링, 1/4 스케일 모델, 풀 사이즈 클레이 모델이 계획대로 진행되어 최종적으로 모델이 확정되었다.

1세대 그랜저의 권위주의를 탈피한 2세대 그랜저는 고급차 소유주가 직접 차를 모는 오너-드리븐(Owner-Driven) 트렌드와 함께 보다 많은 이들이 갖고 싶어 하는 선망의 대상이 되었다. 그러나 동일한 모델로 일본에 소개된 미쓰비시의 데보네어는 역시 성공적이지 못했다. 공교롭게도 현대는 2세대 그랜저에 이어 1998년 독자적으로 3세대 그랜저를 개발하면서 승승장구의 길로 접어들지만, 반대로 미쓰비시는 쇠락의 길로 접어들게 된다.

1998년 국내 시장에서 판매가 시작된 3세대 그랜저부터는 공동개발이 아닌 전적으로 우리의 기술만으로 독자 개발이 진행되었다. 당시 첨단 기술이었던 멀티링크 서스펜션을 적용한 EF 쏘나타의 섀시플랫폼을 공용화하여 적용했는데, 현대자동차 고유모델인 동시에 수출까지 고려한 모델로 기획되었다. 그랜저는 이후 지금까지 7세대가 개발됐지만 실제 플랫폼으로 따져보면 3세대 그랜저에서부터 차급의 분화가 시작되었다.

그랜저가 지켜왔던 현대자동차 3세대 플래그십 모델은 국내 최초로 가솔린 직접분사(GDI) 엔진을 탑재하면서 차명도 에쿠스로 변경했고, 그랜저는 대형 에쿠스와 쏘나타 사이의 중대형 차급이 되면서 현대자동차는 고급 세단의 선택 폭을 더욱 세분화하게 된다.

2000년대에 들어서면서 벤츠, BMW 등 유럽 고급승용차의 국내 수요가 급격히 증가하며 이에 대응할 뒷바퀴 굴림 방식의 고급승용차 개발 필요성이 거론되기 시작했다. 이에 따라 BH 프로젝트(제네시스)가 추진되었고, 한편으로는 당시 전략적 제휴관계에 있던 벤츠의 E-클래스 플랫폼을 도입하여 개발하자는 의견도 제안되었다. 결과적으로 100여 명 정도의 개발전담팀인 BH-TFT를 만들어 독자 플랫폼기술[註]로 개발하게 되어, 현대자동차는 프리미엄 브랜드와도 대등한 경쟁력을 갖는 명실상부한 세계적인 자동차 회사로서의 자격을 갖추게 되었다. 이 뒷바퀴 굴림 플랫폼은 에쿠스(제네시스 G90), 기아 K9까지 확대 적용되어 현대자동차의 브랜드 향상은 물론 주요 수익차종으로 자리를 잡게 되었다.

  이즈음 현대자동차는 섀시플랫폼 부문에서 큰 발전을 이루며 섀시플랫폼 통합은 물론 신기술 측면에서도 AGCS[註註]라는 현대자동차 고유의 능동형 전자제어 서스펜션을 개발했다. 이 신기술은 독일 ATZ라는 자동차 기술 전문잡지에도 현대자동차 최초로 소개되었고, 이 부분 기술개발을 이끌어 온 이언구 부사장은 독일 자

[註] 세계 최초 고성능을 목표로 전·후륜 5-링크 서스펜션 독자 개발. 2세대는 엔진 설계를 변경하여 조향 기어박스도 휠 앞쪽으로 배치하며 조종안정성이 크게 향상되었고 4WD가 가능한 플랫폼으로 진화했다.
[註註] Active Geometry Control Suspension. 능동형 타이어 궤적 제어 서스펜션으로 직진 안정성 및 선회성능을 향상시킨 현대자동차 고유의 세계 최초 섀시 기술.

동차 기술전문지의 표지모델로까지 실리면서 세계적으로 인정을 받게 되었다. 토요타 서스펜션 담당자는 JSAE 논문에 이러한 신기술을 NF V6 차량 양산에 적용한 것을 보며 현대자동차의 혁신적인 분위기를 미루어 짐작할 수 있다고도 할 만큼 현대자동차는 더 높은 도약을 위해 각 부문에서 끊임없이 새로운 시도를 하게 되었다.

엔진 수출

그리스어 자모의 첫 번째 글자 알파(α)는 흔히 '으뜸가는 것'이나 '새로운 시작'을 표현할 때 자주 사용된다. 또한 알파형 인간, 알파걸, 플러스알파처럼 긍정적인 힘과 가치가 더해지는 것을 의미하기도 한다.

서울올림픽의 해인 1988년 1월 현대자동차는 전 차종 수출 100만 대를 돌파했다. 비록 자동차 종주국 미국에서는 큰 부침을 겪었지만 여전히 국내외 모두에서 수요가 높던 포니 엑셀과 프레스토도 이 해에 단일 차종으로는 국내 최초로 100만 대를 기록했다.

우리나라 최초의 중형급 고유모델 스텔라는 서울올림픽의 공식 승용차로 활동하며 한강의 기적을 전 세계에 알리고 있었고, 쏘나타와 그랜저의 생산 라인은 폭발하는 고급세단 수요를 감당하느라 밤낮없이 가동되고 있었다. 때맞춰 연산 30만 대의 자동변속기 공장과 10만 대 규모의 3,000cc급 V-6 엔진 공장도 완공됐다. 현대자동차가 이끄는 한국자동차산업은 명실상부 국가 주력 산업의 대표주자로 발돋움했다.

단순히 생산능력만 배가된 것이 아니다. 현대자동차에서는 이 시기 양적 성장과 더불어 연구개발 부문의 질적 성장도 계속되고 있었다. 용인 마북리연구소에서는 진정한 기술 자립의 시금석이 될 첫 번째 심장 '알파 엔진'이 마침내 경쾌한 굉음을 내며 현대자동차의 새로운 질주를 준비하고 있었다.

1983년 스텔라 개발 과정에서 제기된 독자 엔진의 필요성에 따라 엔진개발실을 발족한 현대자동차는 1984년 마북리연구소를 완공하고 엔진부터 부품까지 자동차 완전 국산화의 꿈을 향해 더욱 박차를 가했다.

현대자동차가 개발하려던 1,500cc급 MPI 엔진은 당시 세계적인 자동차 회사들에서도 아주 고급 승용차에만 적용을 고려하던 최첨단 엔진이었다. 구형의 기화기식 엔진조차 설계한 경험이 없는 상황에서 선진국들이 기술이전을 회피하는 최신형 전자제어분사식 엔진을 개발한다는 것은 뒤늦은 출발을 확실히 뒤집겠다는 의지의 표현이었다. 또한 미국 시장에서 재기를 꿈꾸고 있던 현대자동차에게 MPI 엔진은 성능, 연비, 소음, 내구성, 경량화, 배기가스 등 까다로운 수출 조건을 두루 만족시킬 수 있는 최선의 선택이기도 했다.

일일이 손으로 깎아 만든 고가의 시험 제작 엔진들이 무수히 파손돼나가는 가운데서도 경영진의 격려는 계속되었다. 마침내 1985년 10월 알파 엔진의 1호 시제품이 완성되었다. 하지만 실차에 적용하기까지는 몇 년 더 인고의 시간이 필요했다. 당초 회사의 계획은 1989년 양산을 앞두고 있던 포니 엑셀의 후속 모델 X-2(엑셀)에 알파 엔진을 탑재하는 것이었다. 하지만 북미에서 대량 판매된 뒤 품질 문제로 고전하고 있는 포니 엑셀의 사례를 반면교사로 삼아야 했다. 만일 제대로 검증되지 않은 알파 엔진과 변속기가 또 다시 문제를 일으킨다면 이제 미국 시장은 두 번 다시 쳐다보지 못하게 될 수도 있었다.

더군다나 알파 엔진은 3축(West-East) 방식으로 한창 설계가 진행되다가 막판에 2축(East-West) 방식으로 바꿔야 한다는 결정이 내려졌다. 따라서 기존차량에 탑재해 시험해보려면 엔진룸 레이아웃뿐만 아니라 프론트 사이드 멤버의 좌우 구조까지 바꿔야 하는 등 플랫폼의 대대적인 변경이 필요했다.

하지만 10년 이상 애프터서비스를 보장해야 하는 만큼 자동차의 심장인 알파 엔진의 양산검증 과정은 반드시 필요했다. 먼저 실사용 조건의 특정 차종 수백 대에만 알파 엔진을 소량 적용해 미쓰비시의 3축 엔진과 비교하며 성능과 신뢰성을 검증하기로 했다. 사용자는 경영진만 아는 고객, 지역도 사후관리가 수월한 서울·경기 지역으로 제한되었다. 또한 2~5년까지 특별 관리하며 정기적으로 모니터링하기로 했다.

극비리에 진행된 이 프로젝트명은 α-SLC(Sporty Looking Car), 차종은 스쿠프이다. 스쿠프는 양산에 이르지 못했던 포니 쿠페의 아쉬움을 달래기 위해 개발된 스포츠 쿠페이다. 포니가 중동과 유럽, 호주로 수출이 확대되며 해외영업본부와 현지 딜러들은 판매 차종의 구색을 갖추기 위해 스포츠 쿠페 차종의 개발을 지속적으로 요구했다. 하지만 눈 코 뜰 새 없이 바쁜 와중에 새로운 개발 요구를 수용할 수 없었던 우리는 대신 1985년부터 정통 쿠페의 스포츠 성능에는 미치지 못하지만 보다 날렵한 외양의 2도어 쿠페 형태 차종인 스쿠프를 개발해서 판매하고 있었다.

양산 초기의 스쿠프는 미쓰비시로부터 기술을 도입한 뉴 오리온 1,500cc MPI 엔진을 달고 있었다. 1990년 약 500대의 스쿠프에 미쓰비시의 뉴 오리엔 엔진 대신 알파 엔진을 탑재해 국내 시장에 판매했는데 일종의 스페셜 에디션이다. α-SLC의 제조원가는 기존의 스쿠프보다 훨씬 비쌌지만 동일한 판매 가격이 적용된 데다 알루미늄 등 값비싼 소재들을 사용하고 색상도 눈에 띄는 특수 컬러로 한정했던 까닭에 고객층의 선호도가 높았다. 이 한정판 α-SLC는 독자적인 파워트레인에 대한 믿음을 확실히 굳히는 중요한 지렛대가 되었다. 비록 많은 양이 판매되지 않고 후속모델 없이 단명했지만 독자 개발 엔진과 변속기를 장착해서 시험한 차량이라는 또 다른 기록을 남기게 되었다.

알파 엔진은 이후 1994년 그동안 축적해온 기술과 노하우를 모두 축적해 만든 수출 전략차종 엑센트(X-3)에 본격적으로 탑재되며 현대자동차의 진정한 기술 자립 시대를 열게 된다. 이듬해 미국 〈워싱턴포스트〉에는 '현대 엑센트, 드디어 웃다'라는 기사가 실렸다. 포니의 5세대 격인 엑센트를 직접 타본 자동차 전문 칼럼니스트는 "이제 미국과 일본의 자동차 회사들이 한국인들에게 엉덩이를 걷어 차일 판"이라며 현대자동차를 새롭게 인식하는 계기가 됐다고 적었다.

한국 최초 독자 엔진의 산실이 된 마북리연구소는 알파 엔진에 이어 계속해서 베타, 감마, 델타, 입실론, 람다, 타우 등의 가솔린 엔진과 디젤 엔진들을 개발했고 6단과 8단 자동변속기도 자체적으로 완성하게 된다.

우리나라는 2002년 현대자동차가 2,000cc와 2,400cc 세타 엔진을 미쓰비시와 크라이슬러, 벤츠 등에 공급하게 되며 엔진 수입국에서 엔진 수출국으로 전환되었다.

남양만 전진기지

경기도 화성의 남양만 간척지. 이곳에 세워진 남양연구소는 세계무대를 향한 현대자동차의 도전정신을 가장 상징적으로 보여주는 공간 중 하나다. 남양연구소는 전성원 부회장이 여러 해 동안 관계 부처들을 직접 드나들며 공을 들인 끝에 허가를 받아 진행된 프로젝트였다. 1986년부터 1996년까지 10년여에 걸쳐 완성된 남양연구소는 설계와 건설을 책임진 내게도 인생의 대역사였다. 그간 자동차에 대해 배우고 경험한 것, 그리고 후배 엔지니어들에 대한 꿈까지 그야말로 모두를 쏟아 부은 필생의 업이라 해도 과언이 아니다.

서두에서 자동차를 만든다는 것이 실로 다양한 지구 환경과 복잡한 인류 문화에 대한 이해의 과정이라 말한 바 있다. 복사열이 100℃ 넘게 치솟는 열사의 사막, 영하 40℃를 밑도는 혹한의 동토,

나라마다 다른 도로 여건과 운전 습관을 모두 세심히 고려해야 한다. 또한 필요하면 언제든 멀쩡한 새 차를 부수고 망가뜨리며 실험하고 증명(verify)해야 하는 지난한 과정의 연속이다.

1983년 독자 엔진 개발을 위해 마북리연구소를 설립하며 글로벌 R&D의 기초를 놓은 현대자동차는 선행 연구부터 양산 직전의 실험까지 종합적으로 자동차 연구를 진행할 공간도 서울 근교에 함께 조성해야 했다. 마침 정주영 회장이 사놓은 105만 평의 땅이 남양만에 있었다. 정 회장은 건설책임자를 지명해서 붙여주고 정기적으로 건설소장의 보고만 받으며 큰 그림을 마음대로 그리도록 허락하였다.

당시 처음 와본 이곳은 초기의 울산공장처럼 소금기 섞인 바닷바람만 가득할 뿐이었는데, 그토록 염원해온 연구개발 전진기지가 들어설 곳이라 생각하니 마치 한 폭의 광활한 캔버스가 펼쳐져 있는 것처럼 황홀하게만 느껴졌다.

남양연구소의 설계를 맡은 연구소 직원들은 무거운 중책에도 불구하고 하루하루가 흥분의 연속이었다. 남양연구소에 대한 기대감은 특히 신입사원을 선발할 때 더 순수하고 당당한 기쁨으로 발현되곤 했다. 울산에서 근무하게 되느냐는 실망 어린 눈빛에 더 이상 겸연쩍어 할 필요가 없어졌기 때문이다. 남양연구소는 국내외의 우수 인재를 보다 효과적으로 확보하기 위한 전략적 결정이었다.

　남양연구소는 글로벌 완성차 메이커가 되겠다는 현대자동차의 야망에 따라 처음부터 세계 최고 수준의 종합연구소로 계획되었다. 자동차 R&D의 전 과정이 한곳에서 수행될 수 있도록 디자인연구소와 설계동, 시작동, 시험동, 연구동 등이 초기에 2만 5,000평 규모의 기술개발 시설에 집적되었다.

　그 앞에는 대규모 주행시험장이 건설되었다. 이 주행시험장에는 총 연장 60km의 시험로 30개가 조성됐는데 일주 거리 4.5km의 타원형 고속주회로와 함께 저마찰 내구 시험로, 부식 시험로처럼 세계 각국의 도로환경과 안전 규제 사항을 모두 테스트할 수 있는 69개 종류의 노면이 추가되었다. 48도 경사의 까다로운 고속주회로 공사 현장을 직접 지휘하던 정주영 회장의 모습도 눈에 선하다.

　69개의 주행 시험도로에는 다양한 수출 환경에서 체득한 경험과 지혜가 모두 녹아들었다. 그중 특이한 길 몇 곳을 꼽자면 먼저 '그래스호핑' 길이다. 1987년 무렵 포니 엑셀에 대한 소비자 불만을 야기했던 미국 LA의 프리웨이를 남양연구소에 그대로 구현한 것이다.

　영국 런던에서 남부 브라이튼으로 가는 아스팔트 고속도로 구간도 주행 시험도로에 포함되었다. 이 길에서는 우리 차 뒤에서 모래 튀는 소리가 난다는 불만이 수시로 접수되었다. 차량 자체의 문제일 리 없다는 생각에 한달음에 가보았더니 도로 위에 모래 같은 아스팔트 알갱이들이 무수히 얇게 깔려 있었다. 많은 교통량에도 불구하고 도로 보수에 게으르기로 유명한 미국 디트로이트의 미시간 로드 역시 현지 상황 그대로 복사해 놓았다.

이 정도만으로는 쉽게 성이 차지 않았다. 남양연구소는 향후 100년 넘게 우리나라의 자동차 산업을 이끌어 가게 될 연구소인 만큼 가능한 최첨단 시험시설 모두를 확보해야 한다. 각종 충돌테스트 시설, 섀시 시뮬레이터를 비롯해 저주파·태양광·고온·저온·강우·강설·염수 등과 같이 차량 내구도에 큰 영향을 미치는 극한 환경을 모사하는 챔버들은 당연히 필수적이었다.

급격히 불어나는 예산 문제에 정세영 회장은 난색을 표했지만 반드시 하나 더 갖춰야 할 시설은 또 있었다. 당시 금액으로 450억 원에 달하던 풍동시험실(wind tunnel)이다.

컴퓨터 기술 향상으로 자동차 개발의 많은 부분이 컴퓨터 시뮬레이션으로 진행되고 있지만 여전히 실제 실험을 통해 컴퓨터도 알아내지 못한 변수를 확인하고 교정하는 과정이 반드시 필요하다.

이중 가장 어려운 작업으로 꼽히는 것이 차량의 에너지 효율과 주행 성능, 소음 발생 등에 큰 영향을 미치는 공기역학 분야다. 아무리 컴퓨터로 정밀한 계산을 해도 실제 도로 위에서는 전혀 다른 움직임을 보이는 경우가 발생하기 때문이다. 이 때문에 세계적인 자동차 회사들은 대부분 풍동시험 과정을 반드시 수행하고 있다. 강력한 팬으로 바람을 일으켜 자동차가 주행하는 것과 동일한 환경을 만들고 각 부위의 소음과 공기저항계수를 직접 계측한다.

풍동시험실은 워낙 크고 값비싼 시설이라 한번 만들면 오랜 시간 동안 그대로 사용하는 경우가 대부분이며 새로 만들기도 쉽지 않다. 포니 이후 우리가 개발하는 차는 모두 영국 MIRA와 네덜란드의 풍동시험실을 이용했는데 차량 이동과 시험에 너무 많은 시간과 경비가 소요되었다. 당연히 시간 싸움인 신차 개발기간 단축에도 한계가 있을 수밖에 없었다.

마침내 차일피일 도입이 미뤄지던 풍동실험실 설치를 재가 받던 날, "이제 남양에는 하고 싶은 거 다 해준 거야"라며 다짐을 받던 정세영 회장의 미소가 기억에 생생하다.

하지만 완벽한 자동차 개발의 마침표는 결국 사람의 일이다. 머리를 싸매고 밤늦게까지 실험실의 불을 밝히는 엔지니어들이 오롯이 그들의 연구에 몰입할 수 있도록 좋은 업무 환경을 조성하는 것도 첨단 시설과 장비만큼이나 결코 포기할 수 없는 일이었다. 남양연구소 건설 계획에 앞서 미국 크라이슬러, 프랑스 르노, 국내에서는 포스코연구소와 삼성종합기술원 등을 돌아보며 이런 생각은 확신이 됐다.

사세도 그렇지만 우수한 이공계 인재 유치에서도 삼성전자는 늘 현대자동차의 좋은 라이벌이었다. 한편으로는 앞으로 남양연구소를 방문하게 될 이들이 거대한 위용에서 현대자동차의 위상을, 그리고 무엇보다 구석구석 세심한 공간구성 속에서 "인간의 의지로 기술의 방향은 결정된다"며 누구보다 엔지니어들에게 각별한 관심과 애정을 쏟았던 창업주의 철학을 느끼게 하고 싶었다.

하지만 이런 꿈은 비용이라는 장벽에 자주 부딪히곤 했다. 나는 건설소장에게 설계실이 있는 본관 건물의 기둥 간격을 최소 11m 이상 되게 만들어달라고 부탁했다. 당시는 CAD가 도입되기 전이어서 설계용 테이블과 도면이 승용차부터 버스, 트럭까지 차량의 실제 크기만큼 커야 했기 때문이다. 연구원들이 미세한 바람 소리에라도 영향을 받지 않기 위해서는 차음 성능이 뛰어난 독일제 창호가 필요하다고도 강조했다.

초과되는 예산 지출 때문에 중간 결재 과정에서 우여곡절도 많았다. 그럴 때면 "현대자동차의 상징이자 우리 자동차산업의 메카를 만드는 데 독일, 일본과 경쟁하기 위해서는 이 정도 투자는 해야 합니다"라고 설득했다.

결국 많은 부분에 설계자들의 뜻이 반영되었다. 하지만 지하 공동구로 실험용 차량들이 드나들 수 있게 하려던 계획과 직원들의 재충전 공간으로 유럽식 분수 정원을 꾸미자는 제안은 아쉽게도 끝내 반려되고 말았다. 그나마 남양연구소에 대한 설계자들의 꿈이 어떤 것인지를 이해해준 고 김수중 사장(당시 울산공장장)의 도움으로 소나무 2,200그루를 옮겨 와 식재할 수 있었다.

남양연구소가 완공되고 몇 해가 흐른 1998년, 미쓰비시 자동차의 나카무라 회장 일행이 방문했다. 포니를 개발할 당시 엔진개발 연구소장으로 자주 만나던 이였다. 그는 남양연구소의 시설과 조경을 둘러보는 동안 일체의 언급을 피했다. 하지만 본관 앞 정원의 소나무를 바라보면서 만큼은 표정 변화를 감추지 못했다. "참 탐스럽고 부럽다"던 그의 짧은 감탄사 속에서 어느덧 변해버린 두 회사의 처지와 위상에 대한 속마음이 느껴졌다.

J카 프로젝트

　우리나라는 1988년 서울올림픽을 전후로 자동차 대중화 시대가 본격화됐다. 소형차 포니 엑셀, 중형차 스텔라와 쏘나타가 물꼬를 트는 역할을 했다. 1990년대에 접어들면서 새롭게 등장한 '엘란트라'는 소형차와 중형차 사이의 틈새시장을 겨냥한 새로운 차급으로 개발되었는데 출시되자마자 날개 돋친 듯 판매되며 내수시장의 폭발적인 성장세에 더욱 기름을 부었다. 소득 수준이 높아지면서 포니 엑셀보다 더 큰 차체와 성능의 자동차를 원하던 니즈에 정확히 맞아 떨어졌던 것이다. 엘란트라는 출시 2년 만에 엑셀을 뛰어넘어 국내 최다 판매 차종에 등극했고, 주력시장의 지형을 준중형 차급 중심으로 재편하게 된다.

　1985년 J-카 프로젝트의 첫 번째 타자인 엘란트라 개발에 착수할 무렵 현대자동차의 생산 차종은 소형차 포니 엑셀과 중형차 스텔라 단 두 종뿐이었다. 대형차인 포드 그라나다는 단산 수순을 밟고 있었다. 따라서 모터라이제이션 시대의 도래와 함께 가족을 위해 생애 첫 차를 구입하려는 젊은 고객들을 위해 너무 작지도, 또 너무 크지도 않은 크기의 틈새 차종이 필요했다. 특히 유럽과 미국에서 C세그먼트로도 불리는 이 영역의 차종들은 첫 차에 대한 만족감이 이후 더 높은 차급을 구매할 때 브랜드 충성도로 발휘되는 경우가 많아 세계적인 자동차 회사들도 모두 각별히 공들여 만들고 있다.

포니 엑셀 개발 당시에는 미쓰비시의 플랫폼을 우리 마음대로 수정할 수 없었다. 하지만 'High Tech, High Power, High Performance'를 목표로 개발이 추진된 엘란트라는 북미 시장에서 제기됐던 여러 가지 불만사항들의 개선에 많은 공을 들였다. 소형차인 포니 엑셀과 차별화하기 위해 도어 세이프티 빔, 안티 다이브 시스템, 이중 구조 대시 패널 등이 새롭게 적용되었고 인간공학 기반의 인테리어로 조작성과 시인성, 거주성을 확보하기 위해 노력했다.

차체가 작아도 힘 좋고 날렵한 차를 선호하는 젊은 층이 핵심 타깃인 만큼 엔진 성능과 스타일링은 무엇보다 중요한 사항이었다. 개발 초기부터 '고성능'에 역점을 둔 엘란트라에는 스포츠카와 맞먹을 만한 1,600cc DOHC 새턴 엔진을 장착해 가속과 코너링

시에도 고속주행 성능이 발휘될 수 있도록 했다. 강력한 가속 성능을 지지하기 위해서는 서스펜션 시스템도 중요하기 때문에 전륜에 맥퍼슨 스트럿, 후륜에 3-링크 토션빔이 적용됐는데, 전륜에 처음으로 적용한 오프셋 코일 스프링이 서스펜션의 동특성을 전작들보다 한층 개선시켰다. 브레이크도 드럼 방식에서 디스크 방식으로 변경됐다.

스타일링은 이탈디자인의 도움 없이 자체적으로 진행했는데, 해외 수출을 최우선으로 고려해 매끈하고 유려한 최신 유러피언 디자인을 지향했다. 공기저항을 최소화할 수 있는 에어로 다이내믹 실루엣을 기본으로 풀 도어를 선택했고, 리어 콤비램프 등에서도 자유곡면 렌즈를 적용해 매끄러운 외관을 해치지 않도록 했다. 또한 A필러와 펜더를 곡면으로 연결하여 차체 전반이 유기적으로 흐르게 했다. 이런 공기역학적인 플러시 서피스(Flush Surface) 디자인은 포니 엑셀에서 풀도어 적용을 시도하면서 얻은 자신감이 든든한 바탕이 됐다.

엘란트라 개발은 도면을 제작하는 방법도 완전히 새롭게 진행되었다. 10m나 되는 현도판 위에 올라가서 손으로 일일이 도면 작업을 하던 설계를 전산화하기 시작한 것이다. 당시 항공기 설계에 사용되던 카티아(CATIA)라는 CAD 소프트웨어를 도입한 것이 이때부터였다. 하지만 자동차 분야에서는 이제 갓 걸음마를 떼는 수준이라 미국과 일본도 도입을 망설이던 CAD용 소프트웨어 사용을 선도하기 위해서는 직접 개발사인 프랑스의 다쏘(Dassault)를 찾아가 확인해볼 필요가 있었다. 다쏘는 미라주와 라팔 전투기를 개발한 유럽의 대표적인 항공우주기업이다.

우리는 전산실장 구회문 이사의 도움으로 담당자와 함께 카티아를 개발한 프랑스의 다쏘를 찾아갔다. 앞서 IBM의 지인에게 문의하니 일본의 혼다도 사용을 검토하고 있다고 귀띔해 주었다. 다쏘 측은 우리의 관심에 무척 성실히 응대해주었고, 이 자리에서 전격적으로 자동차회사로는 일본 회사들보다 앞서서 도입을 결정했다. 카티아를 이용하기 시작하며 가장 먼저 공을 들인 것은 당시 도면 설계 시 어려웠던 A필러와 루프가 만나는 부분의 설계 전산화였다. 다쏘는 이후에도 4~5년 간 우리와 밀착해 호흡을 맞추며 항공기용 CAD를 자동차 설계에 최적화하는 데 많은 도움을 주었다.

남아 있는 기록에 따르면 1989년 말 기준 현대자동차는 140대 가량의 카티아 그래픽 터미널을 보유하고 있었고 이를 3~4대의 호스트 컴퓨터에 연결했다. 당시는 개인용 컴퓨터나 워크스테이션 개념과 달리 대형 중앙 컴퓨터에 터미널로 연결하여 사용하던 시절이다. 메모리 용량도 당시로서는 최첨단인 32MB, 64MB였는데 요즈음의 GB급 용량을 생각하면 정말 큰 격세지감이 느껴진다. 이때는 CAD뿐만 아니라 차량 충돌 해석, 차량 거동 예측, 승객 거동 예측, 차량 동력학 해석, 제동특성 분석 등과 같은 컴퓨터 시뮬레이션 툴들도 설계에 참조되기 시작했다.

1990년 10월 양산이 시작된 엘란트라는 출시 첫 날부터 대박 행진이 이어졌다. 기존의 어떤 차들보다 성능에 자신이 있었기에 광고 메시지도 미사여구를 생략하고 '고성능 엘란트라'로 단순화했다. 국내 자동차 광고 사상 처음으로 해외 로케이션으로 촬영된 TV 광고는 더 역작이었다. 독일의 속도 무제한 고속도로 아우토반에서 명차 포르쉐와 속도 경쟁을 벌이는 장면이 우리나라는 물론 유럽 각국에서도 '한국이 온다'라는 타이틀로 대대적으로 보도될 만큼 큰 임팩트를 던졌다.

엘란트라는 고성능이라는 콘셉트에 걸맞게 호주 랠리 비개조 부문에서도 3년 연속 1위를 차지하며 한국 차의 우수성을 전 세계에 알렸다. 1994년까지 내수와 수출 시장에서 모두 100만 대가 판매될 만큼 폭발적인 인기를 누린 엘란트라는 1995년 후속 모델인 J-2에게 배턴을 넘기게 된다. 바로 지금까지 7세대가 넘게 이어지며 쏘나타, 그랜저와 함께 현대자동차 최고의 역작 가운데 하나라는 평가를 받고 있는 '아반떼'이다.

회심의 승부수 '아반떼'

그동안 여러 인터뷰에서 단골로 받았던 질문은 그간 개발한 차종 중에 가장 기억에 남고 소중하게 생각하는 차를 소개해달라는 것이다. 사실 내가 현대자동차에서 개발했던 35개 차종 모두가 소중하고 기억이 또렷한데, 그중에서도 준중형의 대명사가 된 J-2 프로젝트 '아반떼'는 좀 더 특별한 애정을 갖고 있는 프로젝트이다. 엔진, 변속기, 플랫폼, 스타일링과 설계까지 모두를 우리 손으로 진행한 명실상부 한국 고유의 완전한 독자 개발 모델이기 때문이다. 아반떼 개발 당시 현대자동차의 연구개발부문 본부장이던 나는 솔선해서 총괄 프로젝트 매니저를 맡았다. R&D 부문 PM인 오창환 부장, 막내 PM이던 차인규 과장과도 수시로 철저한 관리를 다짐하던 기억이 난다.

미쓰비시 파워트레인과 섀시 플랫폼 위에 이탈디자인의 스타일링, 차체의장 설계의 도움을 통해 개발된 포니를 시작으로 우리의 기술력은 하나 둘 계속해서 발전해 나갔다. 이탈디자인의 스타일링으로 만든 스텔라 역시 미쓰비시 엔진을 탑재했지만 우리 손으로 코티나 섀시를 짜깁기하여 적용했고 차체의장 설계를 직접 수행했다. 이후 포니 엑셀, 쏘나타, 그랜저, 엘란트라로 신차 개발이 이어지면서 비록 미쓰비시의 플랫폼과 포니 엑셀, 스쿠프에서 이탈디자인의 스타일링 도움은 받았지만 자체적인 설계 능력을 한층 더 높이며 자신감을 키웠고, 우리 고유의 엔진과 변속기를 준비하며 스타일링 고유 디자인 능력과 고유 플랫폼 개발 능력까지 갖추어나갔다. 스쿠프에 처음 탑재해 본 독자개발 알파 엔진이 1994년 엑센트에 본격 탑재되면서 우리의 기술 독자화는 더욱 탄력을 받았다.

미국시장에서 포니 엑셀의 품질문제로 실추된 현대자동차의 브랜드 이미지는 후속모델 X-2뿐만 아니라 쏘나타, 엘란트라까지 상품 라인업을 계속해서 추가해도 좀처럼 개선될 기미가 보이지 않았다. 최선을 다해 개발한 신차종들이지만 한번 등을 돌린 미국 소비자들의 마음을 되돌리기에는 역부족이었다. 경쟁차를 훨씬 뛰어넘는 상품력과 혁신적인 고품질만이 잃었던 신뢰를 되찾을 수 있는 유일한 방법이었다. 하지만 기본 뼈대인 미쓰비시 플랫폼을 그대로 놔두고 주변을 개선하여 품질을 높인다는 것은 분명 한계가 있었다. 동일 플랫폼의 미쓰비시 차종과 성능 및 품질 면에서 비슷한 수준을 벗어날 수가 없었다. 미국 시장에서 토요타, 혼다를 뛰어넘어 다시 한 번 포니 엑셀 신화를 구현하기 위해서는 미쓰비시 플랫폼이 아닌 우리의 기술로 승부수를 던질 수밖에 없다는 결론에 이르렀다.

J-1 엘란트라가 생산되어 판매되기 시작하면서 5년 후 양산할 후속 모델 J-2 프로젝트가 미쓰비시 플랫폼이 아닌 우리의 기술로 추진되었다. 플랫폼 선행 개발, 모델 개발, 시작차 개발, 파일럿 개발을 거쳐 양산까지 가려면 최소 5년의 시간이 소요되기 때문이다. J-2 프로젝트는 세단뿐만 아니라 엘란트라에 없던 왜건과 쿠페 모델까지 추가되었는데 자체개발과 동시에 탑재할 베타 엔진, 베타 변속기, 섀시플랫폼까지 더해지며 프로젝트의 복잡성은 더욱 배가되었다.

1991년 초, J-2 기본 콘셉트와 스타일링 요구도가 작성되며 독자적으로 스타일링 검토에 들어갔다. Y-2 쏘나타부터 자체적으로 수행한 스타일링은 X-2, J-1을 거치면서 더욱 자신감이 붙었다. 게다가 설계부서 엔지니어들과의 긴밀한 소통과 철저한 사전 구조 검토가 반영된 디자인 모델은 양산 품질에도 좋은 영향을 미칠 수밖에 없다. 디자인실은 미술대학 출신의 많은 사원들로 강력한 팀을 이루고 있었다. 당시 디자인실을 맡았던 박종서 이사를 포함해

입사 2~3년차가 되면 모든 사원들은 영국이나 미국의 유명 디자인 스쿨에 1년 이상 연수 과정을 거친 후에 분야별 실무에 투입되었다.

미국, 독일 등 선진국에서 개최되는 모터쇼는 많은 자동차 업체들이 신차 홍보의 장으로 활용하고 있다. 신차 개발을 계획하고 스타일링, 설계하는 개발자들도 경쟁차의 디자인 경향과 신기술 적용 여부를 신속히 파악하기 위해 모터쇼를 찾는다. 스위스 제네바에서도 매년 3월마다 모터쇼가 열리는데 연구소에서는 부문별로 많은 인원을 보낸다.

1991년 제네바 모터쇼 참관자들에게는 보다 특별한 지시를 내렸다. 모든 분야에서 독자기술로 개발하는 J-2는 철저한 사전 계획과 점검이 필요하다는 것을 강조하고, 부문별 출품 경쟁차들의 주요 사양과 기술동향을 파악해 J-2 제품구상서에 반영하기로 한 것이다. 출품 예상 차량과 체크리스트까지 사전에 작성해 참관자들에게 배포하고, 그룹별로 모여 정보를 교환하면서 전시차량을 함께 파악하기도 했다. 이때를 계기로 현대자동차의 모터쇼 참관자들은 현지에서 함께 모여 랩업 미팅(wrap-up meeting)을 하고 구체적 대응 방안을 논의하는 것이 당연하게 되었다. 당시 제네바 모터쇼를 통해 구체화된 J-2의 제품구상에는 랩어라운드 스타일로 풀 도어 타입 적용, 도어 외판 일체화, 원피스 사이드 패널 적용으로 공정 단순화 및 경량화, 폼드 타입 헤드라이닝 적용을 통한 고급화, 4륜 독립 서스펜션 적용 등이 있었다.

당시 스타일링 부문 책임자였던 박종서 이사의 J-2 디자인 개발에 대한 회고를 옮겨본다.

"J-2는 하나의 덩어리(1-volume)로서 탈구조적인(deconstructional) 디자인 목표를 갖고 불필요한 요소들을 과감히 덜어내며 진행되었다. 이는 당시 회사 경영의 어려움 극복에 도움을 주고자 원가절감을 위한 의도적인 디자인이기도 했다. 라디에이터 그릴을 삭제하여 부품 수를 줄이고 차량 중량 및 조립공수도 최소화했다. 라디에이터 그릴 대신 범퍼 하단에 작은 덕트를 만들어 차체 아래로부터 공기를 유입시켜 엔진룸 냉각을 해결했다. 이는 설계자들과의 긴밀한 협업으로 슬기롭게 이루어낸 결과였다.

시트 디자인도 가장 아름답고 기능적인 시트가 되도록 심혈을 기울여 구성했다. 기존 시트는 우레탄으로 발포된 시트 모양의 폼 위에 섬유 원단을 조각조각 봉제하여 씌우는 방법이었는데, 이를 개선하여 원단을 발포 틀에 넣고 우레탄을 동시에 발포하는 획기적인 방식을 J-2에 새롭게 적용했다. 이는 신축성이 매우 좋은 저지(jersey) 섬유원단의 특성을 이용한 것으로 차체 흐름과도 잘 어울리게 시트 곡면을 아름답게 처리할 수 있고, 원단 조직에 기모가 없어 등 쪽 옷깃을 밀어 올리지도 않아 해외시장에서 호평을 받았다. 하지만 이는 성형 불량이 잦아 단명하였다.

파생차종도 원가절감 노력이 반영된 디자인으로 진행되었다. 세단을 기본으로 한 스테이션 왜건 모델은 통상적으로 뒤쪽으로 길어지는 루프의 연장선에 맞춰 리어 도어까지 바뀌는 것이 통상적인데, 이를 무시하고 리어 도어를 공용화 적용하며 금형비 등의 원가절감을 이루었다. 다행히도 루프의 곡선과 무리 없이 면이 흘러서 기능적으로나 시각적으로나 무리가 없었다."

J-2 스타일링 모델이 최고경영층의 승인을 받고 한창 설계와 시작차 제작을 준비하던 1992년은 정주영 회장의 정계 진출로도 회사 안팎이 아주 바쁘던 한해였다. 정 회장은 정치인들의 갖가지 부당한 요구에 시달리는 한국 기업인들의 안타까운 현실을 바꿔보겠다며 정치참여를 선언했다. 곧바로 통일국민당을 창당하고, 제14대 국회의원 선거에서 31석을 얻어 원내교섭단체를 구성했다. 당시 미국에서는 클린턴 대통령이 취임하면서 '경제 살리기'를 중점적으로 추진하던 때였다. 정 회장 역시 '정치 기적, 경제 기적'을 구호로 제14대 대통령 선거에 출마했다. 전국적인 열렬한 지지 속에 당원이 1,200만 명에 이를 만큼 기존 정치판에 새 바람을 일으켰지만 대통령 선거에서는 예상만큼 득표하지 못했다. 후유증은 컸다. 선거운동을 도왔던 이들은 모진 고초를 겪었고, 강도 높은 세무조사가 이어졌다. 2년 넘게 현대그룹의 자금줄이 묶이며

기업경영에도 큰 어려움이 뒤따랐다. 이에 따라 자금 집행에 대한 결정은 한층 더 신중해졌고 꼭 필요하지 않다고 판단되는 사안은 배제되었다. 하지만 새옹지마라는 속담처럼 이런 긴축 경영은 현대그룹을 더욱 내실 있게 만들었고 곧 불어 닥친 IMF 위기 속에서도 건전한 재정 상태를 유지할 수 있게 만들며 전화위복이 된다.

이런 엄중한 환경 속에 진행된 J-2 프로젝트의 개발 일정표 역시 이전 프로젝트들보다 한층 상세하게 작성되고 철저히 관리되었다. 특히 J-2에 탑재할 베타 엔진과 베타 변속기의 개발일정도 함께 포함되어 있었는데 엔진, 변속기, 섀시 플랫폼을 독자기술로 새로 개발하면서 신차에 동시 적용하려니 어느 한 곳만 잘못되더라도 프로젝트 전체가 휘청거리게 돼 한순간도 긴장의 끈을 놓을 수 없었다. 베타 엔진 개발을 맡은 마북리연구소와 차체 개발이 진행된 울산연구소는 거리도 멀어서 연구소 간의 소통에 더욱 신경을 쓰며 세밀히 점검했다.

J-2 프로젝트가 막 시작되던 시기 상무로 승진해 승용차연구소장과 마북리연구소장을 겸하게 됐다. 엑센트와 아반떼에 East-West 독자개발 엔진과 2축 변속기를 탑재하는 시도는 외줄타기 같은 엄청난 리스크의 모험이었다. 앞서 마북리연구소를 이끌고 있던 이대운·이현순 박사와 연구원들은 각고의 노력 끝에 독자개발 엔진인 알파 엔진과 베타 엔진의 완성단계에 접어 들고 있었

다. 아반떼보다 1년 먼저 개발이 시작됐지만 거의 동시에 진행된 거나 마찬가지인 엑센트에는 알파 엔진을, 아반떼에는 알파 엔진과 베타 엔진을 동시에 얹기로 결정한 것이다. 알파 엔진은 그나마 스쿠프에 탑재해 사전점검과 모니터링이라도 했지만, 베타 엔진은 그 과정마저 생략한 상황이었다. 그만큼 절박했었다.

개발 과정 중에 꼭 필요한 시험들을 위해 충분한 대수의 메카 프로토[#]를 제작했다. 엔진의 단품 시험은 마북리연구소에서도 충분히 할 수 있다. 하지만 실제 차량에 탑재했을 때 진동, 소음, 주행성능, 내구성 등을 다양한 환경에서 확인하고 평가하고 개선하는 작업은 울산 승용차연구소의 엔진시험팀과 차량시험팀 몫이다. 섀시와 차체가 완전히 바뀌는 아반떼 프로토타입에 확인 시험을 다시 하는 게 정석이지만 메카 프로토 타입으로 우선 큰 문제점들만 걸러내기로 했다. 포니, 스텔라, 엑셀의 개발 과정을 누구보다 잘 알고 있는 디자인 팀, 설계팀, 시작 및 시험팀의 경험과 절실함을 믿었다. 팀장급 부하 직원들에게는 "가장 짧은 기간에 세계 어느 자동차 회사의 엔지니어들보다 다양하고 많은 경험을 축적한 만큼 스스로를 믿고 있으라"며 자신감을 심어주는 데 주력했다.

1995년 3월 아반떼 신차발표회 관련 기사를 다시 읽다보니 당

[#] Mechanical prototype. 파워트레인, 서스펜션 등을 새롭게 개발하기 위해 기존에 개발된 차량을 부분 수정하여 탑재한 선행개발 시험차량.

시 북미시장 탈환을 위한 우리의 처절했던 몸부림이 생생하게 떠오른다. 4천여 명의 연구소 기술진이 밤낮없이 연구개발에 몰두하며 부문별 최적설계를 위해 노력했다. 차량 크기를 키우고 엔진 성능도 높이려면 당연히 제조원가와 중량이 높아지게 되는데, 철저한 경쟁차 분석과 슈퍼컴퓨터를 이용한 구조해석 등을 통해 1그램, 1밀리미터라도 줄이고 새로운 재료와 신기술을 과감히 적용했다. '우리가 하고 싶은 대로 마음대로' 디자인하고 설계하고 개발한 차종인 것이다. J-2 아반떼의 동력성능과 주행성능은 J-1 엘란트라에 비해 월등했고 실내소음도 2~3데시벨까지 줄였다. 하지만 오히려 판매가격을 몇 십만 원 정도 낮출 수 있었던 데는 최적화 설계를 위한 노력이 숨어 있었다.

아반떼는 첫 출시 이듬해인 1996년 지금까지도 깨지지 않고 있는 국내 준중형 단일차종 연간 판매량 1위 기록인 19만 2,109대의 경이적인 기록을 세웠다. 미국 시장에서도 좋은 평가들과 함께 판매가 늘면서 바닥 모르고 추락했던 현대자동차의 브랜드 이미지가 회복되기 시작했다. 국내뿐만 아니라 미국, 유럽 시장에서도 많은 수가 팔린 아반떼는 이전 차와는 사뭇 다르게 피드백 문제점들이 거의 보고되지 않았다. 100% 우리 기술로 고품질 신차를 성공적으로 개발했다는 생각에 자신감은 점점 더 고조되었고, 뒤이어 개발된 EF 쏘나타와 함께 미국 시장에서 10년 10만 마일의 파격적인 보증 제도를 선언할 수 있는 기초를 마련해주었다.

아반떼 4도어 세단이 출시되고 6개월 뒤에 곧바로 스테이션 왜건 모델인 아반떼 투어링이 출시되었다. 이듬해 4월에는 쿠페 모델인 티뷰론까지 선을 보이며 현대자동차의 상품라인업은 더욱 풍성해졌다. 티뷰론은 고성능 주행성능이 최우선 과제였던 만큼 유럽 시장에 맞도록 포르쉐 기술팀에게 서스펜션과 라이드&핸들링 부문 튜닝 개선 프로젝트를 의뢰했다. 이를 통해 고강성 서스펜션과 응답성이 우수한 조향장치를 보강하면서 고속에서도 거동이 정확하고 안정적인 스포티 쿠페가 탄생되게 되었다. J-카 프로젝트의 연장선인 동시에 포니 쿠페의 계보를 이은 티뷰론은 제대로 된 스포츠카 대우를 받으며 국내 모터스포츠 발전에도 큰 기여를 했다. 티뷰론의 출시를 신호탄으로 자동차 동호회가 활성화되기 시작했고, 베타 엔진의 튜닝 파츠가 늘어나면서 국내에서도 튜닝시장이 규모를 키워갔다.

1996년 남양연구소의 오프닝 세리머니에서 소개된 스턴트 드라이빙에 이용된 차도 J-2 아반떼였다. 국내에서는 처음으로 스턴트 드라이빙을 보여주는 이벤트였는데, 차를 옆으로 45도 기울여 한쪽 바퀴들로만 주행하면서 다른 쪽 바퀴를 교환하는 등 다양한 곡예 운전을 선보였다. 포니를 개발하던 시절 영국의 기술고문으로부터 처음 운전방법을 배웠던 시험개발자의 후예들이 영국에

건너가 스턴트 드라이빙 교육을 받고 돌아와 멋진 쇼를 선보인 것이다. 최근 7세대 아반떼(CN)로 당시의 스턴트 드라이빙 모습을 동일하게 재현한 유튜브 동영상을 보니 감회가 새롭다.

엘란트라가 준중형 세단이라는 새로운 장르의 개척자라면 후속으로 개발된 아반떼는 최근까지도 현대자동차가 준중형급에서 부동의 판매 1위를 지키게 하고 있는 기념비적인 모델이다. 특히 아반떼는 알파 엔진에 이어 두 번째 독자 엔진을 차량과 동시에 개발하면서 성공적으로 탑재한 사례로 세계 자동차 기술개발사에서도 새로운 이정표를 세웠다.

국산차 중 처음으로 글로벌 판매량 1,000만 대를 돌파한 아반떼는 부품 국산화라는 또 다른 꿈에 성큼 가까워질 수 있도록 했던 차이기도 하다. 생산규모가 점점 커짐에 따라 제조원가의 많은 부분을 차지하는 부품 국산화가 절실해졌다. 특히 당시 일본의 엔화 가치가 높았던 탓에 탈 일본, 탈 미쯔비시의 필요성은 더욱 증대되고 있었다. 1999년부터 자재본부장까지 겸임하게 되면서 보쉬, 지멘스, 만네스만, 발레오, 리어, 존슨콘트롤즈 같은 미국과 유럽의 일류 부품업체들을 모두 접촉하고 끌어들이며 국내 부품업체들의 경쟁력 향상과 동시에 현대자동차가 중심이 되는 글로벌 가치사슬 구축에 더욱 박차를 가할 수 있게 되었다.

미쯔비시 섀시플랫폼의 고유모델 포니, 짜깁기 식 섀시플랫폼의 고유모델 스텔라에 이어 우리 고유의 디자인과 고유 엔진, 고유 설계 섀시플랫폼의 아반떼를 완성하면서 현대자동차가 비로소 자동차가 뭔지 알기 시작하게 된 것이라 여겨진다. 그동안 수많은 역경 속에서도 묵묵히 동고동락하면서 뒷받침해왔던 이승복, 박성하, 이규남 선배, 그리고 서창명, 한상준 입사 동기생이 이끌어 준 생산기술팀의 엄청난 숨은 노력 덕분이었다고 생각한다.

기술독립 선언

1990년대 현대자동차는 국내 자동차 생산과 판매의 절반 이상을 차지했다. 자동차 연구개발 체계의 비약적인 고도화와 더불어 승용차, 상용차 가릴 것 없이 만드는 족족 팔려나갈 만큼 승승장구하고 있었다. 격렬했던 노사분규 역시 '인간 제일주의'라는 경영 방침 속에 표면적이나마 점차 안정화됐다.

반면 대외적으로는 소련의 해체와 더불어 자유무역을 지향하는 세계무역기구(WTO)의 출범으로 전 세계 경제 질서에 큰 변화가 일어나고 있었다. 세계적인 자동차 회사가 궁극적인 목표였던 현대자동차가 다가오는 21세기 세계 일류기업으로 성장하기 위해서는 기업 이념과 목표를 재정비할 필요가 있었다.

1992년 2세대 그랜저부터 새롭게 바뀐 현대자동차의 엠블럼은 '세계 10대 메이커 진입'이라는 글로벌 탑10(GT-10) 캠페인의 의지를 가장 선명하게 보여주는 상징적 변화라 할 수 있다. 세계로 웅비하는 현대자동차라는 기본 콘셉트를 바탕으로 사선으로 처리된 영문 첫 글자를 통해 미래를 향한 속도감 있는 전진을 표현한 것이다.

울산에서는 연산 30만 대 규모의 제3공장과 알파엔진 생산시설이 완공되며 매년 100만 대 이상 세계 최대의 자동차 생산기지 구축이란 원대한 목표를 향해 계속해서 순항했고, 아산과 전주공장에 이어 현지화 전략에 따라 해외 생산공장도 캐나다와 터키, 인도로 지도를 넓혀갔다.

제조와 판매, 서비스를 가릴 것 없이 전사적으로 추진된 GT-10 캠페인은 질적, 양적으로 성장을 거듭하고 있던 연구개발 부문의 세계화에도 중요한 가속페달이 되었다. 남양과 울산, 마북의 현대자동차 연구소는 이제 유럽과 인도, 중국, 일본, 미국 등 전 세계 8곳으로 확대되며 현지 환경과 문화에 맞는 자동차 연구개발의 새로운 거점들을 마련했다.

다양한 기후환경의 테스트가 가능한 미국 모하비 사막에도 500만 평의 대규모 주행시험장 건설계획이 수립되었다. 이런 크기를 결정하기까지 김영우 미국 연구소 소장과 7곳의 후보지를 답사하고 미국 빅3 자동차 회사와 일본 토요타, 혼다의 시험시설을 모두 돌아보았다. 특히 그중에서도 가장 거대했던 GM의 프루빙 그라운드를 보고 이와 비교해도 손색이 없도록 규모를 키웠다. 물론 토요타나 혼다보다 더 다양하고 효율적인 시험로들을 설치한 까닭에 현재까지 부족함 없이 운영되고 있을 것이라 확신한다.

자동차 디자인과 스타일링의 최신 트렌드를 따라잡기 위한 움직임도 빨라졌다. 남양연구소의 디자인센터에 이어 1992년에는 북미시장을 겨냥해 미국 캘리포니아에도 현대자동차 디자인센터가 문을 열었다. 이곳에서 개발한 스포츠카 HCD-1은 그해 북미모터쇼에서 올해의 콘셉트카 상을 받았고 유명 자동차 전문지 〈카앤드라이버〉의 표지까지 장식한다. 미국과 영국의 자동차 전문지들로부터 미래형 드림카로 격찬을 받은 이 차는 훗날 독특한 스타일의 쿠페형 스포츠카 티뷰론으로 발전했다. 자신감을 얻은 우리는 독일 뤼셀스하임과 프랑크푸르트, 미국의 어바인과 앤아버 등으로 해외 R&D 센터를 더욱 늘려 나갔다.

포니 엑셀의 성공과 좌절로부터 10년이 흐른 1997년, 나는 100여 명의 직원들과 함께 미국 시카고 모터쇼에 참석했다. 모터쇼 참관을 마친 뒤 이어진 랩업 미팅에서 "이제 다시 북미시장에서 해볼 만하지 않겠는가?"라고 물었다. 질문의 형식이었지만 선언이나 다름없었다. 최소한 포드, GM, 크라이슬러의 미국 빅3 자동차 회사들과는 품질과 상품 경쟁력에서 충분히 겨뤄볼 만큼 발전했다는 선언이었다. 과거의 수모와 치욕을 알 리 없는 젊은 사원들이 자만심을 갖지 않도록 독일 3사, 일본 토요타와 혼다만큼은 영원한 형님이라 생각하고 계속해서 추격의 고삐를 늦추어서는 안 된다는 당부도 덧붙였다.

이런 자신감의 배경에는 우리 독자 개발 엔진의 세계적인 성공 가능성을 증명한 엑센트, 그리고 현대자동차가 긴 역경을 뚫고 마침내 미국시장에서 화려하게 재기하는 데 결정적인 역할을 한 아반떼 같은 고유모델들이 있었다. 어느새 4세대까지 발전하며 미국 시장에서 승기를 다시 거머쥐게 할 중형차 EF 쏘나타의 개발도 순조롭게 진행되고 있었다.

1990년대 초 세계화의 기치 아래 추진되었던 현대자동차의 '글로벌 10대 메이커 진입'은 기술독립 없이 결코 실현될 수 없는 목표였다. 아반떼로부터 시작된 100% 독자 기술의 자신감은 이후 현대자동차의 세계적인 위상을 더욱 높이기 시작했다.

이충구의
포니 오디세이

— 제4막 —

배기

Exhaust

PONY
ODYSSEY

A to Z

현대경영학의 구루 피터 드러커는 기업가 정신을 실행(practice)으로 정의한다. 실천과 집행이 없다면 아무 일도 생기지 않는다. 하지만 시도하면 단 0.1%라도 가능성이란 게 생기게 마련이다.

울산만 매립지의 비포장도로를 달리던 신입사원 시절부터 현대자동차의 기술개발을 총괄하는 자리에 오르기까지 30여 년의 시간을 돌아보면 실제로 매일, 매시, 매분, 매초가 실행 또 실행의 연속이었던 것 같다. 덕분에 아이들의 성장 과정에 대한 기억 대부분을 아내에게 의지하게 되었지만 대신 부품 하나, 위치 하나까지 세세히 기억하는 또 다른 자식들을 얻을 수 있었을 게다.

승용차 신모델만 35종, 숱한 가지치기와 부분 변경 모델, 상용차까지 합치면 헤아리기도 힘든 차들이 모두 저마다 결코 잊기 힘든 특별한 스토리를 가지고 있다. 그런 중에도 늘 머릿속에 먼저 떠오르는 차는 있다. 원래 많은 자식을 키우다 보면 아무래도 가장 작고 어린 아이에게 더 마음이 쓰이는 법이다. 내게는 '아토스'가 그렇게 느껴지곤 한다. 마치 대가족 속의 귀염둥이 막내 같다고 할까.

1997년 현대자동차 유일의 경차인 아토스의 탄생으로 우리는 비로소 승용차부터 상용차까지 풀 라인업의 종합자동차회사라는 오랜 꿈을 완성할 수 있었다. 아토스(ATOZ)가 'A부터 Z까지'란 이름을 얻은 것도 그 때문이다. 아토스의 개발 콘셉트는 국내 시장의 유일한 수입 경차였던 티코와 프라이드의 중간 크기 차였다. 비록 다른 승용차들에 비해 비용 대비 수익성이 떨어져도 종합자동차 메이커로서 보다 많은 이들에게 편익이 돌아갈 수 있는 국민차를 만들어야 한다는 사회적 의무감도 컸다.

디자인은 경차 대국 일본의 톨보이(Tall Boy) 스타일을 적용했다. 엔진도 초기에는 일본 경차에 적용되는 800cc 급으로 시작했는데 뒤에 1,000cc 입실론 엔진을 독자 개발하면서 소비자들이 가격뿐만 아니라 성능까지 비교할 수 있도록 경차의 선택폭을 크게 넓혔다. 작은 차체에도 충돌 안전성이 우수했고 차폭도 다른 경차들과 달리 1,500mm로 넓어 거주성이 좋았던 덕분에 작은 차를 선호하는 유럽, 특히 도로정체가 심한 인도 시장에서 성공가도를 달리며 국민차의 반열에 올랐다. 상트로란 이름으로 판매된 인도의 아토스는 터번을 쓰는 현지인들에게 높은 차고도 매력적이었다. 독일 R&D 센터에서 현지 채용한 한 독일인 직원의 각별했던 아토스 사랑도 기억에 남는다. 실용성, 편의성, 가성비에서 모두 완벽한 차라며 늘 애지중지 차를 아꼈다.

반면 국내 시장에서는 차급 대비 높은 상품성으로 판매 초기 신기록을 세웠지만, 이탈디자인의 주지아로가 스타일링을 맡은 경쟁차 마티즈의 등장으로 고전을 면치 못했다. 대우자동차는 자신들의 첫 고유모델 마티즈의 판매에 전사적으로 역량을 쏟아 부었다.

그러는 사이 해가 바뀌면서 더욱 깊어진 IMF 체제의 골은 한국자동차산업을 일찍이 경험해보지 못한 큰 위기로 몰아넣었다. 1998년 한 해에만 2만 4,000여 개의 기업들이 줄도산하는 가운데 위기설이 나돌던 기아자동차가 결국 무너졌다. 한국이 국제통화기금에 구제금융을 요청한 사실이 알려진 지 일주일 만에 쌍용자동차를 인수하며 과욕을 부린 대우자동차도 결국 휘청거렸고, 야심차게 자동차산업에 진출한 삼성자동차 역시 위태로운 모습을 보였다. 유일하게 건재한 것은 저력의 현대자동차뿐이었다. 이미 독자적인 기술력으로 세계시장을 상대하고 있었던 덕에 내수시장의 부진을 상쇄하고도 남을 만큼 기초체력이 탄탄했던 것이다.

당면한 위기는 어렵고 힘들지만 해결 과정에서 늘 새로운 기회가 만들어진다. 물론 그 기회를 잡기 위한 전제 조건은 늘 준비가 되어 있어야 한다는 것이다. 남들이 모두 안 된다던 시절 독자 개발의 승부수를 던진 현대자동차는 원하든 원치 않든 다시 한 번 새로운 승부수를 던져야 할 때를 맞게 되었다.

합종연횡

 새로운 천 년 밀레니엄을 전후한 시기는 말 그대로 기대와 혼란 그 사이 어디쯤이었다. 21세기가 되면 인류가 질병의 공포에서 해방될 거라 믿었고, UN에 모인 189개국 정상들은 절대빈곤과 기아가 없는 세상을 만들자는 새천년 선언을 만장일치로 결의했다. 한편에서는 노스트라다무스와 에드가 케이시 같은 예언자들의 지구 종말론도 횡행했다. 컴퓨터 연도 표기가 오류를 일으키는 Y2K 버그로 핵전쟁이 발발하리란 공포에 지하 벙커를 만드는 이들도 등장했다.

 세기말의 혼돈과 새천년의 희망이 교차한 1998년부터 2001년까지는 글로벌 자동차 산업의 지형도 거대한 지각변동으로 꿈틀거렸다. 19세기 유럽에서 시작된 자동차 산업은 20세기 영국과 미국에서 화려하게 꽃을 피운 뒤 두 차례 석유파동을 거치며 연비와 가성비의 일본차로 주도권이 넘어가고 있었다.

특히 미국에서 기하급수적으로 판매량을 늘려가던 일본산 자동차는 전 세계 자동차 회사들의 합종연횡을 촉발하는 도화선이 됐다. 영국의 자존심 애스턴마틴과 재규어가 포드에 매각됐고, 랜드로버와 미니는 BMW로 흡수됐다. 럭셔리 카의 대명사 롤스로이스와 벤틀리도 독일로 팔려나갔다. 생산 규모가 작은 유럽 대륙의 자동차 회사들 역시 비슷한 운명을 맞았다. 스웨덴의 사브와 볼보, 이탈리아의 람보르기니, 프랑스의 부가티가 GM, 포드, 폭스바겐의 자회사로 소속이 바뀌었다.

생산기술 혁신과 높은 가격 경쟁력을 바탕으로 세계시장에서 승승장구하던 일본 자동차 회사들 간에도 출혈경쟁은 마찬가지였다. 토요타와 혼다가 미국 시장에 단단히 뿌리를 내리는 사이 한때 선전했던 마쓰다, 미쓰비시는 계속되는 경영난 끝에 결국 포드와 다임러벤츠에 편입됐다.

이합집산이 거듭되던 세계 자동차 산업계는 1998년 5월 독일 다임러벤츠와 미국 크라이슬러의 합병으로 또 한 번 크게 요동쳤다. 세계 자동차 역사상 최대의 기업합병이었다. 이듬해에는 프랑스의 르노와 일본의 닛산도 전격 통합을 선언한다.

미국의 빅3 중 하나인 크라이슬러의 운명은 특히 충격이 컸다. 크라이슬러는 이미 1980년대 초부터 시작된 심각한 경영난을 극복하기 위해 포드사 출신의 리 아이아코카를 CEO로 영입했다. 정세영 사장이 처음으로 키노트 스피커로 초청된 미국 자동차 기술협회(Society of Automotive Engineers, SAE) 회의의 마지막 연사로 아이아코카가 등장했다. 당시 현대자동차는 캐나다에서 포니로 커다란 성공을 거두며 미국 진출을 준비했고, 미국은 자동차를 필두로 제조업 전반에서 심각할 만큼 경쟁력을 잃어가고 있던 상황이다. 아이아코카는 그 자리에서 당당하게 '위대한 미국'으로의 회생을 선언했는데 그를 향해 쏟아지던 참석자들의 뜨거운 박수갈채가 아직도 귀에 쟁쟁하다.

미국, 유럽, 일본 기업들의 몸집 불리기가 절정으로 치닫고 있던 1990년대 후반에 이르자 세계 자동차 업계에서는 '4밀리언 클럽'이란 단어가 회자되기 시작했다. 한해 최소 400만 대 이상 생산하지 못하는 자동차 회사는 21세기에 더 이상 살아남지 못할 것이란 전망이었다.

분수령

1998년 10월, 현대자동차가 마침내 국제입찰을 통해 기아자동차를 품에 안았다. 1970년대부터 현대자동차와 경쟁하며 국내 자동차 문화의 저변을 넓혀 온 기아자동차의 퇴장에 많은 이들이 아쉬워했다. 하지만 두 회사의 통합은 그야말로 약육강식과 적자생존의 춘추전국시대에 변방이나 다름없었던 현대자동차가 모두의 예상을 깨고 단숨에 패권경쟁의 주역으로 부상하게 되는 중대한 분수령이었다.

연구개발본부장과 자재본부장을 겸임하고 있던 나는 1999년 3월 사장으로 승진하며 현대자동차의 새로운 수장이 된 정몽구 회장의 기아자동차 인수합병 전 과정을 지근거리에서 보좌했다.

기아자동차를 인수한 정몽구 회장은 가장 먼저 소하리에 있던 연구소를 남양연구소로 통폐합하는 작업에 착수했다. 연구소를 일원화해 설계와 개발에 필요한 중복 투자를 막는 게 급선무였다. 당시 우리가 내부적으로 분석한 바에 따르면 통합 초기인 1999년부터 2004년까지만 따져도 연구개발 부문의 투자 비용 절감액이 7억 달러, 플랫폼 공용화를 통해서는 20억 달러, 파워트레인 통합으로 인한 절감 효과는 8억 달러에 이르는 것으로 나타났다. 여기에 물류, 고객관리, 생산 기술 분야의 통합으로 5억 달러가 더 절감될 것으로 예상됐다.

모두 합하면 약 60억 달러의 막대한 비용을 줄일 수 있게 된다는 전망은 우리 자동차 산업이 곧 미국, 독일, 일본과 같이 규모의 경제를 이룰 수 있게 된다는 의미이기도 했다. 수백 개에 달하는 양사의 부품업체도 부문별로 더욱 전문화, 대형화될 수 있어 국가 경제의 약 30%에 이르는 자동차 관련 전후방산업의 파이까지 더욱 커지게 되는 셈이다.

두 회사의 경쟁차종이 같다는 점, 양사가 각각 일본 기업인 미쓰비시, 마쓰다와 제휴해 기술개발을 시작했다는 점도 통합의 시너지를 높였다. 먼저 연구개발 부문만 합쳐도 통합의 효과가 즉시 일어날 수 있는 구조였다. 고유모델과 독자 엔진 개발에서는 현대자동차의 기술적 우위가 뚜렷했다.

양사의 통합 과제는 우선 플랫폼 수를 줄이는 것이었다. 플랫폼은 16세기 프랑스에서 등장한 새로운 형태의 요새가 어원이 됐다. 전쟁에 대포가 사용되면서 대형에 따라 대포의 배치를 자유롭게 바꿀 수 있도록 요새 위에 평평한 판을 깔고 이를 플랫폼(platform)이라 불렀다. 군인들은 요새의 플랫폼 위에 여러 가지 군사 시설물을 세웠고 점차 여러 가지 활동을 뒷받침하는 기반 시설이라는 의미로 확장됐다.

영국에서는 시 낭송 경연대회가 평평한 나무 무대 위에서 진행되어 플랫폼이 '자기 생각을 선보일 수 있는 무대' 라는 뜻으로도 쓰였다고 한다. 오늘날 여러 사람이 함께 콘텐츠를 제작할 수 있는 기반, 금융 거래를 할 수 있는 거래 체제 등을 플랫폼으로 지칭하는 것도 여기에서 비롯됐다. 플랫폼은 기차가 들어올 때 승객들이 기다리고 승하차를 하는 시설을 뜻하기도 한다. 해저의 석유를 파내기 위해 바다 표면에 평평한 판을 깔고 시추 장비와 직원 숙소를 설치하는데, 이것 역시 드릴링 플랫폼(drilling platform)이라고 한다.

자동차의 경우 플랫폼은 쉽게 설명하면 차의 뼈대를 말한다. 눈으로 보이는 차체와 인테리어를 제외한 섀시와 플로어 차체에 엔진과 변속기를 탑재한 상태이다. 이 플랫폼 하나에서 여러 가지 모델들이 파생된다. 21세기 초까지만 해도 현대자동차는 물론 대부분의 자동차회사들 역시 모델마다 각각 다른 플랫폼을 사용했다. 현대자동차와 기아자동차의 합병 당시 양사의 플랫폼 수는 모두 27개로 수용능력의 2배가 넘었다. 이를 내수시장과 수출시장 특성을 신중히 고려해 2005년에는 10개, 2008년에는 6개로 통합하는 과정에서 2008년 중형차 급의 1세대 통합플랫폼이 처음 완성되었고, 현재 3세대까지 진화하며 현대·기아차에 적용되고 있다.

총 6,680명에 이르던 양사의 연구개발 인력을 효율적으로 재배치하는 것도 중요한 과제였다. 연구개발 인력의 통합과 재배치는 특히 다양한 지식과 경험의 공유로 큰 시너지를 낳을 수 있는 만큼 더욱 신중에 신중을 기했다. 현대자동차와 기아자동차의 연구개발 인력 통합을 계기로 더욱 우수한 인재를 확보하려는 계획도 차근차근 추진됐다. 유학연수, 선진기술자 채용 등을 확대하고 엔진, 진동, 소음 등 10개 전문 기술팀을 조직해 전문가를 양성하는 프로그램이 시동을 걸었다.

당시 기아자동차 연구소장은 김재만 부사장이었는데, 합병 이후에도 필요하다고 하는 부분에만 지원하도록 팀장급 이상에만 소수 지원인원을 보충하였다. 독립성을 존중하면서 조심스럽게 시너지 효과를 낼 수 있도록 공감하고, 서로 기술과 제품들의 우열을 설득하고 인정하는데 현대·기아 양쪽 책임자들이 이해하고 노력해 주어 별 탈 없이 초단기간에 플랫폼 통합이 이루어졌다고 생각한다.

한편으로는 기아자동차에 이어 대우자동차에 대한 인수합병도 고려되면서 의향서까지 제출되었다. 적극적으로 나섰다면 어렵지 않게 성사될 수 있는 분위기였다. 하지만 대우자동차는 자체 개발보다 외부에 모든 기술을 의존해온 성장 방식이 현대자동차, 기아자동차와 너무 달라 통합의 효과가 크지 않을 것으로 보였다.

대우자동차 통합에 부정적이었던 데는 자칫 현대·기아자동차가 국내 시장의 독과점 기업이 되는 것에 대한 우려도 있었다. 당연히 공룡기업이란 비판이 뒤따를 텐데 이를 감수하면서까지 무리해서 통합을 추진해야 할 만큼 매력적인 대상이 아니라고 판단했다.

미스터 뚝심

위기를 극복하는 과정에서는 늘 새로운 영웅이 탄생하기 마련이다. 정주영 회장의 DNA를 고스란히 물려받은 정몽구 회장의 신속한 판단과 과감한 의사결정은 세기말 대격변의 한복판에서 외롭게 서 있던 현대차그룹을 세계 5대 자동차 메이커로, 나아가 오늘날 글로벌 탑3의 위치까지 밀어 올리는 중대한 분수령이 됐다.

정몽구 회장은 학자풍의 삼촌 정세영 회장과는 또 다른 풍모를 지닌 인물이다. 스포츠를 사랑한 그는 건장한 체구만큼이나 스케일이 컸다. 기업 경영 방식도 럭비선수들이 스크럼을 짜서 전진하듯 목표를 향해 한 걸음, 두 걸음 뚝심과 끈기로 나아가는 스타일이었다.

산업공학을 전공한 그는 1970년 현대자동차 사업소의 부품 담당자로 직장생활을 시작했고, 현대정공을 맡아 국내 4WD 시장에 큰 파란을 일으킨 갤로퍼를 탄생시킬 만큼 자동차 산업에도 해박했다. 그는 특히 정주영 회장이 이루고자 했던 현대가(家)의 꿈을 완성시키기 위해 누구보다 구체적이고 명확하게 준비하고 있던 적장자였다.

세간에서 '왕자의 난'으로까지 불릴 만큼 비화가 많았던 현대그룹의 분할구도가 정리된 후, 현대자동차는 마침내 모그룹을 떠나 현대차그룹의 이름으로 단독 항해의 새로운 돛을 펼치게 된다. 현대정공, 현대자동차서비스, 인천제철 등의 계열사도 편입되었다.

정몽구 회장은 곧 현대제철소를 준공해 쇳물에서 자동차까지 수직계열화라는 선대부터의 오랜 숙원사업을 이뤄냈다. 주위의 만류와 경쟁사의 반감, 사회적 논란까지 극복하며 완공된 현대제철소는 자동차 원가구조의 개선을 통해 한국 자동차 산업 전반의 경쟁력을 더욱 끌어올릴 비장의 무기였다.

기아자동차를 인수하고 얼마 지나지 않아 정몽구 회장의 미국 출장을 수행했다. 그는 대평원을 가로지르는 100량짜리 화물열차의 끝도 없는 행렬을 바라보다 제철과 열차 사업을 열망했던 부친의 꿈을 넌지시 내비쳤다. 그리고 얼마 뒤 결국 철도 사업과 현대건설까지 품으며 세계 최고의 그룹이라는 원대한 목표를 향해 뚜벅뚜벅 발걸음을 이어나갔다.

그 사이 글로벌 자동차 산업계의 연이은 빅딜 속에서 규모의 경제에 도달하게 될 거대 연합세력의 윤곽을 드러냈다. GM, 포드, 폭스바겐, 다임러벤츠, 토요타가 '4밀리언 클럽'에 입성할 가장 강력한 후보군으로 대두되고 있었다. 현대자동차도 기아자동차와 통합하며 세계 10대 자동차 메이커로 도약했지만 분명 안주하고 있을 때가 아니었다. 다섯 개 거대 연합세력 중 어느 한 곳과 협력하지 않으면 생존을 장담하기 어려운 분위기가 끊임없이 우리를 압박했다.

1999년 현대자동차와 기아자동차의 연구소 통합을 추진하는 과정에서 중장기 발전전략안을 작성해 정몽구 회장에게 보고했다. 묵묵히 보고를 받던 그는 치열한 기술패권 경쟁에서 우리가 독자적으로 살아남을 수 있는 길을 물었다.

"기술에서 최강인 벤츠와 손잡는 게 좋겠습니다."

세계 자동차 산업계의 합종연횡과 이합집산에는 점점 더 강화되고 있는 환경·안전 규제에 대한 대응과 기술 고도화에 필요한 막대한 투자비용을 분담하고 생산볼륨을 증대하는 방식으로 해결하려는 배경이 숨어 있다는 설명을 덧붙였다. 누구와 힘을 합칠지가 미래 자동차의 기술표준과 시장 선점의 중요한 열쇠가 될 것이란 의견도 피력했다.

정몽구 회장은 즉시 다임러벤츠 방문을 추진해 성사시켰다. 수행단의 일원으로 독일 슈투트가르트의 다임러벤츠 본사를 찾왔다. 다임러벤츠는 내연기관 자동차의 원조인 다임러와 벤츠가 1926년에 합병한 회사이다. 여기에 1998년 크라이슬러가 합류했고 쇠락의 길을 걷던 미쓰비시도 크라이슬러와 지분 관계에 따라 함께하게 되었다. 독일을 중심으로 유럽, 북미, 아시아 전역의 제해권을 장악할 수 있는 거대한 연합함대가 구축된 셈이다.

우리 일행을 직접 맞으러 나온 위르겐 슈렘프 다임러벤츠 회장은 보안 구역의 연구소까지 공개할 만큼 우호적이었다. 그 자리를 통해 다임러벤츠 연구소 내의 파일럿 생산공장이 신차개발 과정에서 양산 품질을 높이는 아주 유용한 방법이라는 것을 파악하고 정몽구 회장은 곧바로 남양연구소에도 설치를 결정했다. 이를 통해 기존 양산라인의 중단 없이 신차 파일럿 생산이 가능해졌고 파일럿 차량 투입을 두고 빚어지던 노조와의 갈등도 사라졌다. 연구소의 신차 개발 과정에서는 생산라인에서 발생할 수 있는 문제점들이 사전에 걸러졌고 작업자들의 교육까지도 체계적으로 실시할 수 있는 기반을 갖추게 됐다.

정몽구 회장의 방문 이후 다임러벤츠와 현대·기아자동차의 전략적 제휴는 급물살을 탔다. 양사 대표단이 마주 앉은 테이블에서 가장 중요한 협상의제는 자본 제휴, 월드카 생산, 상용차부문 합자회사 추진이었다. 다임러벤츠는 월드카 개발을 통한 생산규모 확대와 아시아 시장 진출의 교두보가 필요했고, 현대·기아자동차는 글로벌 패권경쟁 속에서 확실한 우군을 확보하겠다는 전략이었다.

이에 따라 현대자동차의 지분 10%에 다임러벤츠가 참여하게 되었고, 2.5톤 이상 트럭과 버스 등의 중대형 상용차를 생산하는 전주공장을 분리해 절반씩 지분을 갖는 합작법인을 설립하였다. 2000년 대우자동차의 입찰에도 공동으로 참여하기로 했는데 제휴협상이 구체화되면서 현대차그룹의 국내 시장 독점에 대한 우려 등이 제기되며 없던 일로 했다.

디터 제체 다임러벤츠 사장-위르겐 슈렘프 회장의 후임으로 다임러벤츠 회장에 올랐다-도 답방을 위해 남양연구소를 찾았다. 다임러벤츠는 볼보 소유의 미쓰비시 자동차 지분 3%를 추가 확보해 인수작업을 마무리하고 있던 시점이었다. 남양연구소의 프루빙 그라운드에 미쓰비시 차량들과 우리 제품 라인업 모두를 세워 놓고 일일이 운전하면서 비교해보는 시간을 가졌다. 제체 사장은 크라이슬러와 미쓰비시에 필요한 2,000~3,000cc 중형 승용 엔진을 비교 평가한 뒤 우리가 독자적으로 개발한 세타 엔진의 도입을 강력히 희망했다. 2002년 5월, 슈렘프 회장과 제체 사장은 연간 150만 대 이상의 세계 최대 규모 중형 승용차 엔진 합작사업의 계약을 위해 다시 한국을 찾았다.

소형 월드카의 공동개발도 약속했다. 소형 월드카 개발은 현대·기아자동차와 크라이슬러, 미쓰비시가 공동으로 개발해 플랫폼과 글로벌 부품 공급망을 공유하려던 것이다. 하지만 치열한 줄다리기 끝에 미쓰비시가 맡아 개발하는 것으로 결론이 났는데, 결국 빛을 보지 못했다. 1,500cc급 소형승용차 부문에서 세계 최고 수준의 기술력을 보유하고 있던 우리가 개발을 주도했더라면 분명 새로운 글로벌 히트 차종이 탄생했을 거라는 아쉬움이 진하게 남는 대목이다.

당시 전 세계 거대 자동차 연합세력들의 또 다른 승부처는 차세대 자동차의 개발이었다. 글로벌 자동차 회사들은 석유 자원 고갈과 점점 더 강화되는 배출가스 규제에 따라 화석연료를 대체할 새로운 에너지원 찾기에 골몰하고 있었다. 당연히 천문학적 규모의 개발비용이 필요할 것은 불문가지의 일이다. 다임러벤츠는 현대차그룹이 개발하려는 수소연료전지 기술에 관심이 많았다. 이에 따라 현대차그룹의 수소연료전지 기술을 기반으로 수소연료전지 자동차를 공동 개발하기로 하였다. 또한 다임러벤츠의 패닉 부사장과 프리드리히 이사, 우리 측에서는 조원석 이사와 임태원 부장이 동석한 가운데 소형 승용차를 현대자동차, 중대형 상용차 엔진을 다임러벤츠가 나눠 맡기로 협약을 맺었다.

수소제국

현대차그룹과 다임러벤츠의 전략적 제휴는 한국 자동차 역사의 큰 획을 긋는 일대 사건이었다. 글로벌 빅3의 하나이자 세계 최고의 기술력과 명성을 자랑하는 다임러벤츠와의 연합은 현대·기아자동차가 비로소 글로벌 브랜드로 당당히 대접받게 된 시작점이기도 했다. 하지만 대외 전략과 별개로 내부적으로는 독자 생존에 대비해 뼈를 깎는 기술 개발 노력도 멈추지 않았다. 다임러벤츠와 협상 테이블에서 우리가 유리한 고지를 차지할 수 있도록 한 수소연료전지 전기차도 그중 하나다.

남양연구소에서는 1990년대 내내 태양광 전기차, 하이브리드 전기차, 무인자동차와 초저공해차 등의 미래 기술이 연구됐다. 하지만 대부분 해외의 선도적인 연구개발 동향을 뒤쫓는 형국이었다. 이제는 빠른 추격자가 아니라 퍼스트 무버의 길을 고민해야 할 때였다. 향후 20년 뒤, 30년 뒤의 미래 먹거리를 발굴할 필요가 있었다.

오창환 실장과 차인규 부장이 심혈을 기울여 마련한 리스트 중에 퓨얼셀(fuel cell)이란 단어가 유독 눈에 띄었다. GPS와 ABS, 자동항법장치처럼 군수와 우주항공 분야에서 사용하는 수소연료전지를 자동차에 적용해보자는 아이디어였다.

20세기 들어 과학계에서는 수소의 또 다른 가능성에 주목하기 시작했다. 물과 유기화합물의 형태로 자연 어디에나 널려 있고 단위 무게 당 연소열이 메탄, 가솔린보다 2~3배 높은 수소에서 이상적인 에너지의 미래를 본 것이다. 화석연료처럼 환경을 위협하거나 고갈될 염려도 없었다. 연소 후에도 순수한 물만 남고 오염물질이 생성되지 않는다.

당시 자동차용 수소연료전지는 미국 포드와 독일 벤츠 두 회사가 캐나다의 연료전지 회사 발라드(Ballard)와 손잡고 개발을 시작하던 단계였다. 일본에서는 아직 움직임이 보이지 않았다. 우리도 발라드 사와 접촉했지만 조건이 까다로웠다. 엔진에 해당하는 연료전지 시스템을 판매는 하겠지만 원형 그대로 사용해야 한다는 것이다. 시험용으로 1대를 빌리는 가격도 40만 달러나 요구했다.

1999년 디트로이트 지사의 책임자인 김영우 이사를 통해 미국 내 수소연료전지 기업을 수소문하기 시작했다. 그렇게 연결된 곳이 IFC(International Fuel Cell)였다. IFC는 프랫앤휘트니 엔진으로 유명한 복합방산기업 UTC(United Technologies Corporation)의 자회사였다.

한국 자동차회사의 연락에 IFC는 의아해했다. 일단 만나서 얘기하자고 약속을 잡은 뒤 권문식 이사, 김영우 이사, 임태원 부장 등 우리 일행은 IFC가 있는 코네티컷 행 항공권을 끊었다. IFC의 밀러 사장은 우주왕복선용 수소연료전지만 생산해도 회사 운영에 전혀 문제가 없다는 입장이었다. 우리의 설득 전략은 그의 애국심을 자극하는 것이었다. "캐나다 회사는 포드와 공동개발을 시작하려는데 미국 기업, 더구나 가장 선진적인 연료전지 기술을 가진 당신네도 준비해야 하지 않느냐. 우리에게 싼타페에 탑재할 수 있는 연료전지 샘플을 제공하면 6개월 안에 주행시험이 가능하게 하겠다."

미국에서 공수해 온 IFC의 75KW 수소연료전지는 남양연구소에서도 큰 화제가 되었다. 자동차에 탑재해 보니 성능과 효율이 내연기관과 비교할 수 없을 만큼 탁월했다. 약속대로 정확히 6개월만인 1999년 11월, 싼타페 수소연료전지 전기차가 공개되자 IFC는 물론 전 세계 자동차 업계가 화들짝 놀랐다. 남양연구소에서 싼타페 수소연료전지 자동차가 공개되는 자리에는 미국 캘리포니아 주정부의 아렌로이드 환경청장이 IFC 밀러 사장과 함께 참석해 캘리포니아 시범운행사 공동 파트너십 참여가 결정됐다. 이어 2000년 4월에는 IFC의 모기업인 UTC 그룹 조지 데이비드(George David) 회장이 처음으로 한국 땅을 밟았고 서울 모처에서 정몽구 회장과 특별회동을 가졌다. 이 자리에서 그룹 차원의 수소연료전지 자동차 공동개발에 대한 합의가 이뤄졌다.

금상첨화라고 해야 할까. 때마침 미국은 제레미 러프킨의 책 〈수소경제〉를 정부 차원의 새로운 에너지 정책으로 공식화하고 있었다. 2002년 수소경제 전환 로드맵을 발표한 미국은 2003년 이를 국제적으로 더욱 확산하기 위해 전 세계 16개국이 참여하는 국제 수소경제 파트너십(IPHE) 창립을 주도했다.

특히 미국 내에서도 가장 적극적인 곳은 싼타페 수소전기차가 처음 공개된 캘리포니아 주였다. 다양한 신재생에너지의 테스트 베드 역할을 하고 있는 캘리포니아 주는 연방정부보다 앞서 2030년까지 수소차 100만 대, 수소충전소 1천 개소를 보급하는 프로젝트를 추진하고 있었다.

싼타페 수소연료전지 전기차가 일으킨 센세이션의 절정은 2005년 부시 대통령의 시승 행사였다. 싼타페와 투싼은 당시 미국에서 미국산 수소연료전지를 탑재하고 운행하는 유일한 차였다. 부시 대통령 앞에서 수소연료전지 자동차 시장의 기술과 전망을 브리핑하는 기회를 갖게 된 현대자동차는 결국 미국에너지부

(DOE)가 추진하는 연료전지 전기차 북미 시범운행 시행사로 낙점을 받게 된다. 현대자동차가 전 세계 수소연료전지 자동차 시장의 퍼스트 펭귄으로 확실하게 각인되는 순간이었다. 돌아오는 길에는 순수 전기차 프로젝트를 추진하던 하와이 주정부에도 순수 전기차 5대를 기증했다.

그로부터 15년의 시간이 흐른 2019년, 새롭게 그룹 수장이 된 정의선 회장은 마침내 세계 최초의 양산형 수소연료전지 전기차인 넥쏘(NEXO)를 선보이는 데 성공했다. 넥쏘는 고대 게르만어로 '물의 정령', 스페인어로는 '결합'을 뜻한다. 산소와 수소의 결합으로 순수한 물을 만드는 진정한 친환경 자동차라는 의미를 담고 있다. 그 사이 잘 알려지지 않았던 수소 에너지에 대한 기대와 함께 환경위기에 대한 우려가 전 세계적인 현상으로 확대된 까닭에 수소와 산소의 화학반응으로 전기를 생산해 운행하며 오염물질 대신 순수한 물과 깨끗한 공기만 배출하는 자동차의 등장은 그야말로 국제적인 이슈가 될 수밖에 없었다.

현대자동차가 한 발 앞서 기술적 우위를 점해 온 수소연료전지 자동차 분야의 경쟁력은 미래 수소 에너지 시대의 필수재인 친환경 수소 생산 기술 개발에서도 리더십 확보의 지렛대가 될 것이라는 기대를 모으고 있다.

세계적인 투자회사 골드만삭스는 2050년경 친환경 수소 생산

기술인 수전해 장치의 수요가 전 세계적으로 최대 약 5,000기가와트에 이를 것으로 전망하고 있다. 수전해(水電解)는 물의 전기분해로 수소를 생산하는 방식이다. 1기가와트는 원전 1기의 발전량에 해당하므로 향후 약 5천기의 신규 원전 건설과 맞먹는 초대형 수전해 장치 구축사업이 세계 도처에서 시작되리라는 전망이 가능하다. 한국산 수전해기가 지구촌 곳곳에서 친환경 수소를 생산하고, 한국산 수소전기차와 수소 선박이 오대양 육대주를 누비는 수소 제국 건설의 꿈도 결코 요원한 것만은 아니다.

GT-5 전략

정몽구 회장은 다임러벤츠와 전략적 제휴를 추진하면서 한편으로는 언젠가 갈라서게 될 때를 대비해 독자적인 생존 전략을 수립하는 데도 주력했다. 현대·기아자동차를 합해 500만 대 규모의 생산·판매 체제를 갖춰 4밀리언 클럽에 자력으로 진입하자는 글로벌 탑5(GT-5) 전략이 그것이다.

양사 통합 직전인 1998년의 생산대수를 보면 현대자동차는 90만 대, 기아자동차가 46만 대로 총 136만 대 수준이었다. 통합 후인 1999년에는 212만 대로 크게 늘었지만 그 두 배가 넘는 500만 대에 도달한다는 것은 일견 불가능해 보이는 목표였다. 하지만 이는 세계 자동차 시장의 살벌한 무한경쟁 속에서 우리가 살아남을 수 있는 유일한 길이기도 했다. 다시 한 번 현대자동차 특유의 정체성인 저돌성으로 무장한 우리는 누구 한 사람 가릴 것 없이 모두가 500만 대 체제 구축 방안을 찾기 위해 머리를 맞댔다.

'2010년 500만 대 달성' 목표를 향한 연도별 계획이 플랫폼 통합, 신제품 개발, 공장 운영계획, 판매 계획 등 부문별로 구체화되어 갔다. 2001년 기준으로 현대·기아자동차의 총 판매대수는 32차종 262만 대였다. 2010년 39차종 525만 대의 목표에 도달하려면 차종당 판매대수를 8.2만 대에서 13.5만 대로 증대해야 했다. 이를 위해 국내의 리터 카[#] 공장과 미국, 유럽, 중국, 인도, 터키 등 해외공장 신증설이 계획되었다. 국내 300만 대, 해외 200만 대 규모로 국내 증설을 최소화하고 대신 해외공장 위주로 성장 전략을 짰다. 신제품 개발 능력도 연간 3~4종 수준에서 6~7종으로 늘리기로 했는데, 국내외에서 인기가 높아진 크로스오버 SUV 위주로 차급을 다양화하여 중장기 상품 라인업을 보강하도록 했다.

투자비 절감의 일환으로 수립된 플랫폼 통합계획에서는 현대·기아자동차 통합 이전 27개였던 플랫폼을 2008년까지 7개로 줄일 수 있도록 통합플랫폼을 개발 완료하고 2011년부터 전 차종으로 확대 적용하기로 했다. 플랫폼당 생산대수를 77만 대까지 대폭 증대하고 엔진과 변속기도 통합해 규모의 경제 효과를 극대화한다는 전략이었다. 이는 앞서 플랫폼 통합을 성공적으로 이뤄낸 폭스

[#] 경차와 소형차 사이에 위치한 차급으로 배기량 1,000~1,500cc 엔진 탑재 및 전장 3.8미터 이하의 차량.

바겐 그룹에도 필적할 만한 목표였다.

이후 한 번 더 진화를 거듭하며 2012년 통합플랫폼[註] 수를 6개까지 줄이고, 기존에 생산되었던 차량에 적용된 구형 플랫폼이 없어지는 2015년부터는 총 4개(승용 3개, 소형상용 1개)까지 추가 통합하는 야심찬 목표로 수정되었다.

현대·기아자동차의 판매에서도 전략적인 차별화가 모색되었다. 동일 시장에서 동일 차급으로 경쟁하는 양사가 동시에 판매를 늘리는 것은 쉽지 않은 문제였다. 게다가 동일한 플랫폼은 소비자의 선택에서도 불리한 조건으로 작용해 반드시 확실한 차별화가 필요했다. 독일, 스페인, 체코 등으로 주요 생산 거점과 판매 지역이 나뉜 폭스바겐의 경우 동일 플랫폼으로도 판매에 어려움이 덜 하겠지만 내수와 수출지역이 상당수 겹치는 우리는 사정이 달랐다. 제품과 브랜드 차별화를 확실히 하기 위해 현대자동차는 '전통적이고 세련된', 기아자동차는 '활동적이고 감성이 풍부한'을 주요 이미지로 설정하고 서로 다른 디자인의 제품 개발과 상품 운영으로 판매 증대를 꾀하기 시작했다.

환경과 안전 규제에 대한 단계별 대응계획도 수립되었다. 지역

[註] 파워트레인 및 섀시 레이아웃의 공용화로 금형 및 생산라인 공용화가 가능하여 투자비와 재료비 절감은 물론 설계 및 시험기간을 대폭 단축시킬 수 있다. 기본형과 보강형으로 개발 가능하다.

별로 저공해, 저연비 차량 대응에 차질이 생기지 않도록 하고, 장기적으로는 하이브리드, 전기차, 수소차의 개발도 계획되었다. 안전 규제는 미국의 어드밴스드 에어백[#] 적용 의무과 유럽의 보행자 보호 규제를 신차종 개발일정에 맞춰 대응하기로 했다. 제품품질 향상을 위해 선행개발 단계에서부터 구매와 품질 부문을 참여시키고, PM의 역할을 강화해 원가와 품질이 더욱 철저하게 관리될 수 있도록 했다. 2000년 기준 현대 189점, 기아 296점으로 토요타의 122점에 훨씬 뒤지고 있던 미국 초기품질지수(IQS)를 2007년까지 토요타 수준으로 낮추도록 집중 관리하기로 했다.

이 같은 글로벌 탑5 달성전략과 연도별 추진계획은 정몽구 회장에게 보고된 후 극도의 보안 속에 두꺼운 책자로 제작되어 회장실 책장에 보관되었다. 이는 정몽구 회장의 강력한 글로벌 탑5 달성 의지를 알리는 지침서였고 각 부문별 책임자들에게든 연도별 추진 목표 달성을 위한 나침반이었다.

현대·기아자동차의 글로벌 판매량은 2009년 469만 대로 6위, 목표년도인 2010년에는 574만 대로 마침내 포드를 제치고 5위에

[#] 에어백은 기능에 따라 디파워디드, 스마트, 어드밴스드 에어백으로 구분된다. 디파워디드 에어백은 폭약의 양을 줄여 팽창력을 기존의 70~80% 수준으로 낮추고 전개시간을 늘려 승객이 받는 충격을 줄인 것이다. 스마트 에어백은 충돌 강도와 운전자 위치, 동승석 탑승여부 등을 고려해 최적의 전개 시점과 폭발 압력을 조절한다. 어드밴스드 에어백은 여기에 착좌감지센서를 추가해 탑승자 정보에 맞춰 단계별로 에어백이 전개된다.

올랐다. 회장실 책장에 꽂힌 책자 속 목표가 10년 뒤 그대로 실현된 것이다.

현대차그룹의 글로벌 탑5 목표 달성은 전 세계 자동차 산업 전문가들이 예상하고 있던 빅5의 구도를 완전히 뒤흔들었다. 현대·기아자동차는 생존이라는 당면 과제를 넘어 어느새 세계 유수의 글로벌 플레이어로 도약해 있었다. 하지만 끝이 아니었다.

그로부터 다시 10년이 흐른 2020년 한 계단 더 상승한 탑4의 자리에 올랐다. 그리고 두 해 뒤인 2022년, 현대·기아자동차의 순위는 세계 3위에 랭크됐다. 르노·닛산·미쓰비시 연합, 130여 년 역사의 미국 GM, 피아트·크라이슬러·푸조·시트로엥·란치아·마세라티·알파로메오·지프·닷지·오펠 등 수많은 브랜드를 거느린 초거대 자동차 그룹 스텔란티스까지 굽어보는 자리였다. 이제 남은 추월 대상은 2위 폭스바겐, 그리고 1위 토요타 뿐이다.

초신성

　전 세계적인 헤게모니 다툼 속에서 GT-5 전략을 통해 예열을 시작한 정몽구 회장과 현대·기아자동차는 한층 대담한 도전에 나설 준비를 했다. 포니 엑셀의 첫 미국 시장 진출 이후 10여 년 간 이어졌던 암중모색의 시간을 끝낼 순간이 다가온 것이다. 미국 자동차 시장에서의 재기는 정몽구 회장의 최대 역점사업이었다.

　관건은 첫 도전에서 미완으로 남겨진 현지 생산 전략의 복구였다. 처음부터 캐나다 브로몽 공장의 실패를 거울삼아 미국 본토에 생산 공장을 추진한다는 목표가 뚜렷했다. 미국의 주지사들은 글로벌 메이커로 떠오른 현대차그룹의 공장을 유치하기 위해 경쟁적으로 본사 방문을 희망했고, 적합한 후보 지역을 선별해 서울 양재동 사옥 23층 회의실에서 극비리에 주지사 개별 미팅이 진행되었다.

정몽구 회장은 미국 시장 재기에 도움이 된다면 어떤 역할이라도 맡겠다는 의지가 분명했다. 캘리포니아 환경청을 찾아 수소연료전지 자동차 개발에 대한 협력 방안을 논의한 뒤 캘리포니아 주관 파트너십에 참여를 결정했고, 지구 환경과 청정 에너지에 관심이 큰 마이크로소프트 창업자 빌 게이츠와도 조찬을 함께하며 협업 가능성을 타진했다.

부시 전 미국 대통령을 아산공장으로 초청했고, 2000년 서울에서 열린 세계자동차공학회(FISITA) 학술대회에 명예조직위원장 자격으로 참석해 토요타의 쇼이치로 회장에게 공헌상을 수여하는 자리에도 함께했다.

미국 재진출의 선봉은 EF 쏘나타였다. 미국의 뉴욕타임즈는 BMW 5시리즈와 비교 시승한 뒤에 "현대차가 EF 쏘나타의 가격을 왜 그렇게 낮게 책정했는지 이해하기 어렵다. 5,000달러는 더 올려도 된다"면서 몰라보게 달라진 현대자동차의 성능과 품질을 호평했다. 자동차 소비자 만족도 조사에서 세계적 권위를 자랑하는 JD 파워의 평가도 계속해서 상승했다.

정몽구 회장은 한 발 더 나아가 '10년 10만 마일 파워트레인 보증'이란 회심의 카드를 꺼내 들었다. 미국 현지에서는 현대 어드밴티지(Hyundai Advantage)라고 불렸다. 당시 대부분의 메이저 회사들은 3년 3만 마일, 많아도 5년 5만 마일 이상의 보증은 하지 않았다.

그야말로 파격적인 승부수의 배경에는 지난 10년간 묵묵히 칼을 갈며 한 판 승부를 준비해 온 우리 기술력에 대한 자신감이 깔려 있었다. 일각에서는 잘못되면 회사가 망한다는 목소리도 있었다. 무리수, 나아가 자충수가 될 것이란 의견도 많았다. 하지만 정몽구 회장은 이제 불량한 차는 수출하지 않겠다는 '품질경영' 선언을 뚝심 있게 밀고 나갔다.

미국의 깐깐한 소비자들도 10년 10만 마일 보증 제도에 닫혔던 마음을 다시 열었다. 만일 새 차를 사서 고장 나도 언제든 무상으로 고쳐주니 안심이 된 것이다. 그렇게 일단 타 보기로 하고 구입을 했는데 3년이 지나고 5년이 지나도 고장은 나지 않았다. 그러니 더욱 좋은 차라는 소문이 났다.

정몽구 회장은 국내는 물론 중국 공장의 현장 점검까지 정신없이 바쁜 와중에도 미국과 유럽 딜러 사장들과의 미팅을 가장 우선시했다. 정주영 회장이 그랬던 것처럼 세일즈맨의 자세로 딜러들을 섬겼던 것이다. 목표 달성시의 구체적인 인센티브를 약속했고, 틀림없이 실천했다. 정몽구 회장과 현지 판매인들 간의 이런 신뢰관계는 미국과 유럽 시장에서 현대자동차 판매 전략의 중요한 터닝 포인트가 되었다고 생각된다.

그의 유럽 출장길을 수행하며 현지 딜러 미팅에 배석한 기억이 난다. 독일, 이탈리아, 스페인 등 유럽 각지의 딜러들이 프랑크푸르트의 한 호텔에서 모이기로 했다. 하지만 짙은 안개로 항공기가 연착되며 몇몇 딜러들이 예정 시간인 오전 11시를 훌쩍 넘겨 오후에 도착했다. 하지만 정몽구 회장은 뒤늦게 참석한 세 사람의 딜러를 위해 다시 각각 별도로 오찬을 베풀었다. 2시간 간격으로 이어진 여러 번의 식사 자리는 소식을 하는 내게 무척 곤혹스러웠다. 하지만 딜러들이 무안하지 않도록 마치 처음 먹는 것처럼 매번 최선을 다하는 정몽구 회장의 모습 앞에서 배부른 내색을 할 수 없었다.

국내 출장 중에는 갑자기 차를 세우고 길가 노점에서 제철 과일을 사서 안기는 경우도 있었다. 나는 그런 관심이 나 개인이 아니라 현대차그룹 엔지니어 모두에 대한 애정이었던 것을 잘 안다. 남양연구소의 인력보강이나 복지시설 확충을 건의할 때도 어려움이 없었다. 미국 모하비 사막의 프루빙 그라운드와 어바인 디자인 연구소 구축도 즉각 승인됐고, 오히려 더 원하는 것은 없는지 수시로 엔지니어들의 필요 사항들을 챙겼다. 독일 프랑크푸르트 연구소는 직접 택지를 선정한 뒤 예산을 넉넉히 잡아 최대한 유능한 현지인을 채용해서 배우도록 하라는 지시도 덧붙였다.

결국 그는 자신의 풍모와 성격처럼 현대자동차를 중심으로 한국 자동차 산업의 지형을 완전히 뒤바꾸며 세계 자동차 산업 역사에서도 중요한 한 획을 긋게 되었다. 한국인 최초로 2021년 미국 자동차 명예의 전당에 헌액되어 세계 자동차 역사의 전설 헨리 포드와 나란히 대리석 명판에 이름을 올리게 된 것도 당연한 수순이었다는 생각이 든다.

미국에서 현대자동차는 이제 과거처럼 소형차를 싼 값에 파는 브랜드가 아니었다. 준중형차 아반떼와 중형차 EF 쏘나타가 지핀 미국시장의 열기는 SUV 싼타페의 등장으로 더욱 뜨겁게 타올랐다. 미국 곳곳에 설치한 현지 연구소들이 소비자들의 목소리를 귀담아 듣고 남양만과 모하비에서 극한상황까지 성능을 밀어붙이며 테스트한 노력들이 마침내 결실을 맺기 시작한 것이다. 외신들은 현대자동차가 미국시장 수입차 부문에서 곧 혼다를 제치고 2위에 오른 뒤 선두 토요타마저 바짝 추격하게 될 것이라 전망했다.

미국 시장의 성공적인 재기로 다시 세계의 이목을 모으기 시작한 현대차그룹은 소위 닷컴버블의 붕괴로 세계 경제가 급격히 위축된 2001년에도 전년 동기 대비 43%의 판매 신장세를 기록하며 나홀로 성장을 거듭했다.

하지만 기쁨과 슬픔은 늘 함께 다니는 모양이다. 그해 3월 21일, 정주영 회장이 86세를 일기로 생을 마쳤다. 먼 길을 떠나는 그를 위해 정세영 회장 시절부터 미리 제작해둔 에쿠스 리무진 영구차에 밤을 새워 영정을 직접 걸었다. 1,001마리의 소떼를 이끌고 북한의 고향으로 향하는 정주영 회장을 위해서도 트럭을 개조했었다. 왜 1,000마리가 아니고 1,001마리냐는 물음에 그는 "1,000은 끝나는 수지만 1,001은 이어지는 수"라 말했다.

이 차를 만드는 동안 일부에서는 아직 살아계신 분이라며 불편한 기색을 보이기도 했다. 하지만 포드가 만든 리무진으로 마지막 가는 길을 배웅하는 것은 자동차 입국의 꿈을 한시도 잊지 않았던 정주영 회장에게 예의가 아니라 생각했다. 영정사진도 대통령의 것보다 커야 한다고 생각했다. 그의 생애를 누구보다 가까이에서 지켜본 나로서는 그게 정의라 여겨졌다.

발인 날, 정주영 회장이 머물던 청운동 자택의 방에서 '금성'이라는 상표가 붙은 구식 텔레비전을 보고 울컥했던 기억이 아직도 가슴을 저리게 한다. 그는 검소한 삶을 살았다. 구두 한 켤레를 20년 넘게 신었다고도 했다. 정주영 회장을 처음 보는 이들은 대기업 회장의 행색이 너무 초라한 것 아니냐며 한마디씩 했다.

빈털터리에서 자수성가한 사람 중에는 구두쇠들도 있다. 하지만 정 회장을 아는 이들은 누구도 그를 자린고비라 하지 않는다. 신세진 사람, 보답해야 할 이에 대한 씀씀이는 놀랄 만큼 후했다. 울산과 남양, 마북에 쏟아 부은 관심과 정성을 보면 기업을 경영하는 스타일도 선이 굵다. 그는 유독 자신에게만 엄격했을 따름이다. 그렇게 늘 빈한했던 청년 시절을 잊지 않겠다는 첫 마음으로 모두가 부강한 나라를 만드는 데 자신을 온전히 바친 이였다.

정주영 회장이 내게 묻곤 했다. "이거 되는 거야?" 한국 자동차 개발의 살아 있는 역사가 저물었다. 끝이 보이지 않는 기술 개발의 고단함 속에서도 언제나 마음 편히 뉘일 수 있는 언덕 같던 존재가 사라졌다.

하지만 조금씩 비통함이 가시며 정주영 회장이 내게 남긴 또 다른 사명의 윤곽이 보이기 시작했다. 비록 더 이상 그 정겨운 웃음을 볼 수 없었지만 정주영 회장은 여전히 '초신성(supernova)'처럼 슬픔과 혼란의 잔해 속에서 새로운 별의 탄생을 이끄는 맏아쇠의 역할을 하고 있었다.

변신

 2001년 9월 11일의 테러 사건으로 지구촌이 뒤숭숭한 가운데서도 현대·기아자동차의 약진은 세계적인 관심사가 되고 있었다. 뉴욕타임스와 워싱턴포스트 같은 유력지들이 한국 자동차의 놀라운 품질 향상을 앞 다퉈 보도했다.

 CTO가 되어 현대·기아 통합연구개발 중장기 발전전략과 종합상품기획 수립에 분주하던 나는 한국 자동차 산업 앞에 펼쳐질 더 밝은 미래를 자신하고 있었다.

 그 사이 세상에서 가장 든든한 버팀목이었던 아내가 파킨슨병 진단을 받았다. 아내는 나와 결혼한 뒤 6개월 정도의 신혼생활 이후로는 '따로따로'였다고 해도 과언이 아닐 정도였다. 회사 일에만 매달리는 남편을 대신해 아이들을 뒷바라지하고 시어머니를 모셨다. 나만큼이나 완벽주의자란 소리를 듣는 아내는 얼굴 보기 힘든 남편일망정 자신이 좋아하는 일에만 몰두할 수 있도록 늘 크고 작은 배려에도 많은 신경을 썼다.

행여 남편의 평판에 누가 될까 다른 직원의 아내들과 좋은 관계를 유지하기에 힘썼고, 나를 대신해 꼼꼼하게 경조사와 감사인사를 챙기느라 늘 분주했다. 한편으로는 분초를 쪼개가며 자신의 삶도 열심히 가꿨다. 테니스를 배워 대회에 출전하고 혼자서 성당에 다니며 세례까지 받았다. 물론 그 어느 순간에도 남편의 자리는 비어 있었다. 그렇게 오랜 외로움과 스트레스 속에 조금씩 몸이 망가져 왔던 것일까? 뭐라 표현할 수 없는 자책감 속에 지푸라기라도 잡는 심정으로 좋다는 치료법들을 모두 찾아다니며 아내의 회복을 빌었다. 의지력이 강한 아내는 다른 환자들이라면 힘들고 아프다고 이내 포기할 만한 내 치료 제안을 모두 순순히 받아들이고 견뎌냈다. 자신만이 아니라 가족 모두를 위해 다시 초인적인 의지를 발휘하고 있었던 것이다.

믿음대로 현대차그룹은 계속해서 승승장구했다. 현대자동차와 함께한 34년의 시간, 그리고 내 손을 거쳐 세상에 태어난 35개의 차종들이 주마등처럼 스쳐 지나갔다. 천성이 엔지니어인 나는 현대가(家)를 생각하며 종종 이탈리아 르네상스의 강력한 후원자였던 메디치 가문을 떠올리게 된다. 정주영 회장, 정세영 회장, 정몽구 회장. 세 사람의 리더십은 서로 결이 달랐지만 엔지니어에 대한 신뢰와 존중에 있어서만큼은 모두가 한결 같았다.

　기술 개발에 관한 한 늘 전권을 부여받은 덕에 누구의 눈치도 보지 않고 스스로 옳다고 생각하는 방향을 향해 현대자동차의 연구개발을 이끌 수 있었다. 모두가 불가능하다고 했던 대한민국 최초의 고유모델 포니부터 모든 차종에 걸쳐 독일, 일본과 당당히 겨루게 된 지금까지, 그 모든 땀과 눈물의 현장에 함께해왔다는 것만으로도 큰 행운이자 영광이고 보람이었다.

　이제는 조랑말처럼 뛰어다니던 내게 자동차공학자의 꿈을 갖게 해준 아버지의 뒷모습처럼, 명실상부 세계 최고의 자동차 강국을 향해 매진하는 후배들에게 든든한 배경이 되어주어야 할 때라는 생각이 들었다.

넥스트 제너레이션

오랜 직장생활로 생긴 족저근막염을 치료하기 위해 60대가 넘어 다시 등산을 시작했다. 시간에 여유가 있으니 국내뿐만 아니라 4천 미터 높이의 히말라야 안나푸르나 베이스캠프와 랑탕 계곡을 오르고, 뉴질랜드의 밀포드 트레킹도 완주했다. 내친 김에 오랜 버킷 리스트였던 설악산 귀때기청봉 코스와 지리산 종주, 열흘간의 차마고도 샹그릴라 코스까지 도전할 수 있었다. 족저근막염은 결국 열심히 걷고 잘 관리하니 저절로 나았다.

빠른 스피드와 기민한 자세 제어가 생명인 스키는 내게 처음 몰아보는 자동차만큼이나 중요한 삶의 활력소였다. 특히 연구개발과 회사 경영에 지친 몸과 머리를 재충전하기에는 이보다 더 좋은 운동이 없어 겨울 시즌만 되면 주말마다 스키장을 찾아 설원을 누비곤 했다.

겨울 스포츠를 좋아하니 전 세계 최고의 선수들이 자웅을 겨루는 동계 올림픽도 내게 늘 큰 관심사였는데 회차가 거듭될수록 나를 행복하게 한 것은 한국 대표팀의 메달 획득보다 젊은 선수들의 해맑은 웃음이었다. 순위와 상관없이 최선을 다한 선수들의 얼굴에는 과거에 좀처럼 보기 힘들었던 자긍심과 여유가 가득했고 서로를 격려하며 맘껏 축제를 즐기는 모습이 역력했다. 그런 구김살 없는 환한 웃음이 아시아의 한편 한국이란 나라가 있음을 알리기 위해 절박한 마음으로 메달 수와 색깔에 매달렸던 시대가 저물고 있음을 알리는 신호탄처럼 여겨지기도 한다.

인생 대부분의 시간을 보낸 현대자동차를 떠나는 것은 내게 큰 도전이었다. 모두의 박수 속에 회사 문을 나섰어도 물밀듯이 밀려드는 공허함을 피하기가 어려웠다. 그 빈자리를 빠르게 채운 것이 젊은이들이었다. 내가 현대자동차를 떠났다는 소식에 여러 대학에서 강의를 요청했다. 서울대와 KAIST, 국민대, 일본 도쿄대와 말레이시아에서도 연락이 왔다. 그중 꼭 필요하다고 생각되는 몇 곳을 추려 강단에 섰다.

두 해 동안 모교인 서울대 강의를 마친 뒤 2004년에는 자동차 특성화에 주력하던 국민대 자동차융합대학으로 적을 옮겼다. 이곳에는 코라(KORA)라는 이름의 동아리가 있었다. 강의실에서 배우는 전공지식을 바탕으로 포뮬러 타입의 C-Formula와

E-Formula를 만들어 세계 자작자동차대회에 출전하려는 동아리였다. 학생들의 목표는 미국자동차공학회가 주최하는 포뮬러 SAE 대회였다. 매년 5월 디트로이트에서 열리는 이 대회는 전 세계에서 몰려드는 참가인원만 2천여 명에 달하는 세계에서 가장 큰 자작자동차대회이다. 또 단순한 경주대회가 아니라 200쪽에 달하는 규정을 준수해가며 자동차를 설계, 제작, 검증한 뒤 나흘간에 걸친 테스트를 통해 실제 양산차로서의 가능성을 평가 받는 대회인 만큼 현장과 괴리된 공학 교육만으로는 접근이 불가능했다.

젊은 학생들에게 나의 오랜 현장 경험을 전수하고 또 함께 기술 개발에 몰두하는 일은 즐거웠다. 어찌 보면 현대자동차에서 그런 학습과 연구개발의 순수한 기쁨이 무뎌진 때문인지도 모르겠다는 생각이 들 정도였다. 2004년 첫 출전에서 참가에만 의의를 둘 수밖에 없었던 성적도 나와 함께했던 2005년 대회에서는 아시아 2위로 순위가 수직 상승했다.

가능한 학생들에게 실질적으로 도움이 되는 얘기를 해주기 위해 노력하다보니 국민대 공과대학의 교수들 중 최초로 'Best Teacher'에도 선정됐다. 소정의 상금도 있어 학생들에게 밥을 사기로 했는데 나중에 계산해보니 지출한 밥값이 열 배가 넘었다.

자동차를 전공하는 학생들인 만큼 자동차에 대해 알고 싶은 것도 제각각이었다. 어떤 친구는 엔진이나 플랫폼 같은 자동차 공학에, 또 어떤 학생은 외관의 디자인에 관심을 갖는다. 포르쉐나 페라리를 몰아보고 싶어 한다거나 슈마허처럼 레이싱 드라이버가 되는 것이 꿈인 사람도 있다. 그들과의 대화는 늘 활기찼다. 다른 교수들은 학생들 개개인의 니즈를 파악할 여유가 없다. 할당된 학생 수가 너무 많아 지식 전달 위주의 수업만으로도 늘 허덕였다. 그런 가운데서도 학생들이 중심을 잃지 않고 내일을 위해 고군분투하는 모습이 아름답게 느껴지곤 했다.

하지만 마음 한구석 내내 뭔가 불편함이 느껴지기도 했다. 무엇이든 너무 쉽게 정답을 구하려고 하는 모습들이 그랬다. 입사를 희망하는 기업에 지원서와 자기소개서를 제출하기 전 불안을 달래기 위해 현대자동차 중역 출신의 내게 사전점검을 받고 싶어 하는 이들도 많았다. 7~8명의 학생들이 함께 몰려와 면접 대비 과외 수업을 원할 때도 있었다.

학생들은 대부분 누군가 미래에 대해 확신을 갖게 해주기를 바라는 듯했다. 자동차 회사에 입사한다면 어느 직책까지 올라갈 수 있는지, 몇 살까지 버틸 수 있는지, 어떤 부서에서 시작해야 경력 관리에 도움이 되는지를 궁금해 했다. 또 자주 듣게 되는 얘기가 '공무원'이나 '의대 재수'란 단어였다.

공대에 진학한 학생들에게서 왜 이런 말들이 나오는지 고개를 갸웃거릴 수밖에 없었다. 대체 왜 그런 생각을 하냐고 물으면 대게는 '보장이 되니까'란 대답이 돌아왔다. 기억에 남는 또 다른 졸업생은 애써 입사한 자동차 회사를 퇴사하고 특별한 목표 없이 중국행을 선택했다. 회사에서는 노력해봐야 더 기대할 게 없더라는 것이다.

나는 이들에게서 공통점을 보게 된다. 그들은 모두 목표를 상실하고 있다. 학생들은 대학을 나와 취업에 가까워질수록 과정보다 결과에 집중하게 된다. '현대자동차 입사' '삼성전자 입사'와 같이 오랜 공부의 결과물에 관한 목표라 할 수 있다. 하지만 이런 결과는 아직 일어나지 않은 일이기 때문에 현재에 집중하기 어려워진다. 스스로 통제하기 어려운 미래에 대한 의식은 불필요한 에너지 낭비로 이어지고, 만약 원하는 결과가 달성되지 못하면 심리적으로 돌이킬 수 없는 타격을 받게 되기가 쉽다.

반대로 통제 가능한 것, 즉 과정은 자신의 의지와 노력으로 변화시킬 수 있는 것들이다. 예를 들어 지금 당장 악기나 어학, 동아리와 취미활동 등에 몰입해보는 것을 의미한다. 이런 과정에 대한 집중은 결과적으로 성공 가능성을 더욱 높이게 된다.

무슨 일이든 갑작스런 도약은 존재하지 않는다. 작은 돌을 하나씩 쌓아올려 돌탑이 되듯 수많은 탐색과 도전, 좌절이 있어야 결과도 있다. 엔지니어가 되려는 이들에게는 이런 과정이 더욱 중요하다. 이는 기술 발전에서도 마찬가지이다. 과정목표가 명확할 수록 기술의 발전도 명확해진다. 그래서 새 학기가 될 때마다 새로 만나는 학생들에게 20년 후 인생의 절정기에 대한 자화상을 그려보도록 했다. 미래에 대한 막연한 기대나 걱정 대신 자신의 꿈을 구체화할 비전을 세워보도록 하려는 것이다.

현대자동차의 성공도 창업자를 중심으로 명확한 학습목표를 설정하고 모험과 호기심을 즐기면서 집중했던 조직문화가 큰 기여를 했다. 기술경영과 이노베이션 부문의 세계적 권위자인 고 김인수 KAIST 교수는 이런 현대자동차 R&D 조직의 조직적인 학습문화를 논문으로 잘 정리해 두고 있어 관심 있는 이라면 참고할 만하다.

OLEV&E

대학에서 젊은 친구들과 자동차의 미래를 함께 상상하는 것은 큰 즐거움이다. 개중에서 특히 학생들의 높은 관심사였던 전기차, 수소차, 무인 자율주행 등의 차세대 기술들은 현대자동차 사장 시절 한 발 앞서 미래 먹거리로 고민하던 사안들이라 그 발전양상이 내게도 무척 흥미로웠다. 학생들에게 강의하는 틈틈이 음성인식 기술로 스타트업을 만든 KAIST 출신의 창업자를 돕기도 했다. 음성인식 기술은 현대자동차에 있을 때 관심을 가지고 벨기에의 한 회사와 공동 개발도 계획한 바도 있었다.

학생들과 함께 배우고 또 배워도 늘 새로운 기술이 출현하는 자동차 세계에 흠뻑 빠져 있는 사이 KAIST 총장 비서실에서 전화가 왔다. 정부로부터 250억 원의 신성장동력 사업 과제를 맡았는데 신기술 개발에 참여해달라는 것이다. 서남표 총장에 대해서는 신문기사 정도로만 알고 있었고 외부 강의와 조찬모임 등으로 바빠 대전으로 가는 시간을 맞추기가 어려웠다. 그러자 직접 서울로 오겠다고 했다.

그는 곧 운영이 시작되는 'KAIST 온라인 전기자동차 사업단'에서 사업화를 추진할 자동차 개발 전문가가 필요하다고 했다. '온라인 전기차라고? 인터넷망에 연결된 전기차라는 말인가?' 서 총장의 설명은 도로에 매설된 전선 위를 달리면서 전기 에너지를 무선전송 받을 수 있는 전기차를 '온라인 전기차'라 명명했다는 것이다.

신혼 시절 70만 원짜리 전세방에 살면서도 있는 돈 없는 돈 싹싹 긁어 전세금과 맞먹는 가격의 오디오와 카메라 신제품을 사들일 만큼 얼리어댑터 성향이 다분했던 나는 '주행 중 무선 전력 전송 및 충전'이란 신기술에 귀가 솔깃할 수밖에 없었다.

기존 전기버스의 경우 배터리 무게만 3.8톤이 넘고 하루 종일 운행하려면 충전도 10시간 이상이 필요했다. 만일 운행 중에 무선 급전이 가능하다면 노선버스 같은 경우에는 배터리 용량을 1/5 정도까지 획기적으로 줄일 수 있으니 그야말로 세계적인 혁신 기술이 될 터였다.

이미 관련 특허도 있다고 해서 더더욱 배우는 재미로라도 그 제안을 뿌리치기 힘들었다. 서 총장이 설명한 특허 내용은 도로에 매설된 전선에 고전압 전기를 흘려보내 자장을 형성하고 수신장치를 자동차 바닥에 설치해 주행 중에 전기 에너지를 무선으로 공급받는 기술이다.

온라인 전기차 사업화를 위해 벤처회사 올리브엔이(OLEV&E, On-Line Electric Vehicle and Environment, Energy, Engineering)를 설립하면서 창립멤버 9명을 공개 모집했다. 올리브엔이가 위치할 KAIST 서울 도곡동 캠퍼스의 분위기도 마음에 들었다. KAIST 기술을 기반으로 설립된 벤처 기업들이 입주해 있어 업무 진행 스타일이 현대자동차처럼 신속했다. 서 총장은 당장 KAIST 캠퍼스에서 운행될 2대의 전기버스를 만들어달라고 했다. "수신 장치는 누가 개발합니까? 전선을 깔 사람도 정해져 있습니까?" 서 총장은 내 질문이 떨어지기가 무섭게 그 자리에 참여 교수들을 불러 앉혔다.

단 3개월 만에 온라인 전기버스 두 대가 KAIST 캠퍼스를 돌아다니기 시작했다. 하루 속히 전기버스를 만들기 위해서는 독일 지멘스로부터 모터와 배터리를 빨리 들여오는 게 관건이었는데 한국에 도착해 있는 제품을 먼저 차용해 쓰고 다시 도입해서 메꾸는 방식으로 이를 성사시켰다. 온라인 전기버스 운행이 시작되자 대대적인 언론홍보가 전개됐고 정부 고위 관료는 물론 대통령까지 시승을 위해 대전을 찾았다.

그 사이 무선 전력 전송 기술의 실체를 보다 정확히 파악하기 위해 사업단 교수들로부터 여러 차례 설명을 듣기도 하고 국내의 권위자들을 찾아다니며 의견을 물었다. 많은 정부자금이 투입되는 프로젝트인 만큼 원천기술의 상용화 관점에서 더욱 꼼꼼히 살펴보아야 했다. 와세다대학교에도 방문해 그곳에서 진행되고 있는 정차 중 무선 충전 시스템(static charging system)의 현황도 파악했다. 도쿄 근교에 있는 연구소와 근처 시내를 오가는 전기 셔틀버스가 30분마다 무선 충전으로 운행되고 있다고 했다. 하지만 주행 중 전력 전송이 아닌 정차 중 무선 충전방식이었다. 충전소는 연구소 옆 실외 주차장 바닥에 설치되어 엄격히 관리되고 있었고, 충전 중에만 수동으로 전원을 넣어 고전압과 전자파에 의한 혹시 모를 사고 위험에 철저히 대비하고 있다고 했다.

독일 등에서는 이미 무선 전력전송 열차가 개발되긴 했지만 정해진 궤도가 없는 버스의 경우 효율이 크게 떨어질 것이란 의견이 우세했다. 원천특허의 소재도 뉴질랜드인지 한국인지 확실치 않은 점도 마음에 걸렸다.

사업단이 가지고 있는 무선 전력전송 기술로 당장 상용화를 추진하는 것은 분명히 어려움이 있어 보였다. 이어지는 관계기관 회의와 기자회견 등에서 우리나라의 미래를 위해 반드시 필요한 기술이지만 실현까지 많은 문제가 있어 당장은 상용화가 곤란하다는 소신을 거듭 밝혔다. 하지만 이미 정부 예산이 승인된 까닭에 브레이크가 듣지 않는 버스처럼 좀처럼 질주를 멈추기는 힘들어 보였다.

이러다 막대한 국가 재원이 흐지부지 사라질 수도 있겠다 생각하니 가만 앉아 있을 수만은 없는 노릇이었다. 고민 끝에 내놓은 상생 방안이 과천 서울대공원의 코끼리 열차에 무선 전력 전송 기술을 적용하는 것이었다. 어린이들이 뛰어 노는 공간의 디젤 엔진 순환 열차가 온라인 전기차로 대체된다면 효율은 많이 떨어지더라도 매연과 냄새가 없는 어린이들의 공간을 만든다는 사회적 공헌의 의미도 충분했다. 서울대공원은 일반 도로와 달리 어느 정도 폐쇄된 공간이라 관리도 수월하고, 2중 3중으로 안전망만 확보된다면 추진해도 좋겠다는 판단에서 진행을 결정했다.

2009년 여름, 과천 서울대공원 구내의 코끼리 열차 운행구간 2.2km 도로에 온라인 전력 전송 인프라를 구축한다는 협약을 서울시와 체결했다. 몇 십 년을 사용하더라도 혹시 주행 중 무선 충전 시스템(dynamic charging system)에 문제가 생긴다면 정차 중 무선 충전 시스템으로 변경하거나 병행 사용할 수 있도록 하기로 했다. 성공적으로 시험운행을 마친 무선 급전 코끼리 열차는 곧 정상운행에 들어갔다. 코끼리 열차는 KAIST 캠퍼스의 OLEV 버스 2대와 함께 13년이 지난 지금도 잘 운행되고 있다.

개인적으로는 주행 중 전력 전송 시스템을 공부하고 자동차 미래기술에 대한 호기심을 조금이나마 충족시킬 수 있는 좋은 기회였다고 생각된다. KAIST 전문 특훈교수라는 명함은 3년을 보장받고 시작했지만 1년을 앞당겨 일말의 아쉬움도 없이 반납했다. 당시 공개 모집을 통해 함께했던 김홍엽 사장을 포함한 10명의 동료들, 많은 자문을 아끼지 않은 현대자동차 1세대 전장설계 책임자 이봉호 사장께 고마움을 전하고 싶다.

니콜라 테슬라가 꿈꾸었던 먼 거리의 무선 전력 전송 기술도 언젠가는 실현되어 진정한 와이어리스(wireless) 세상이 도래하리라 믿는다. 최근 크로아티아 출신인 테슬라의 생가를 방문해 그의 꿈이 하루빨리 이뤄지기를 염원하기도 했다. 하지만 원천기술 개발과 함께 수많은 문제점들이 모두 다 해결되고 난 이후에야 가능한 일이다. 와이어리스 세상으로의 첫 출발을 꿈꾸며 시작했던 벤처기업 올리브엔이는 KAIST로부터 동원그룹에 인수되어 몇 년 전까지 사업을 지속했다고 전해 들었는데 근황이 궁금하다.

자율주행

광교 테크노밸리에는 2008년 경기도 출연으로 설립된 서울대학교의 융합과학기술대학원과 차세대융합기술연구원이 소재하고 있다. 명칭에서도 금방 알 수 있듯이 미래의 과학과 차세대 산업을 위한 창의와 혁신은 융합을 통해서 가능하다는 생각으로 출범된 교육기관과 연구소이다.

최양희 미래창조과학부 장관이 두 곳의 원장으로 재임하던 2011년, 융합과학기술대학원 초빙교수와 차세대융합기술연구원의 특임연구원으로 발령 받았다. 뒤를 이어 부임한 안철수 원장이 정계에 입문하면서 새로 부임한 윤의준 원장의 특단의 제의로 2012년 6월 지능형자동차플랫폼센터(IVP Center, Intelligent Vehicle Platform Center)가 출범하게 되어 내가 이 센터를 맡게 되었다. 당시 부원장이었던 홍성수 교수도 적극 참여하며 융합과학기술대학원의 동료 교수들과 대학원생들까지 참여시키면서 전폭적인 도움을 주었다.

CI 작업을 마친 IVP 센터는 자동차동의 시험실과 본관 A동의 15층 전체를 사용할 수 있도록 파격적인 지원을 받아가며 출항했다. 당시 글로벌 자동차 메이커들뿐만 아니라 구글, 애플과 같은 빅테크 기업에서도 많은 관심을 갖고 추진하고 있던 자율주행자동차 개발을 조금 늦은 감이 있지만 우리나라에서도 시작해 볼 수 있는 구색을 갖추게 된 셈이다.

가장 먼저 센터의 비전 수립과 함께 미국, 독일, 일본의 대학 부설 자동차연구소를 조사하며 선진기술과 연구소 동향을 파악했다. 그중 자율주행 분야에서 가장 연구가 활발하던 스탠포드와 클램슨 대학의 자동차연구소를 선정하여 센터 인원과 함께 윤 원장, 홍 부원장이 한 팀을 이뤄 방문하게 되었다. 그들은 주정부 및 산업체와 긴밀한 협력 관계를 맺으면서 많은 과제들을 풀어내고 있었다.

스텐포드의 CARS(Center for Automotive Research at Stanford)는 글로벌 자동차 연구소들과도 다양한 소통을 하며 미래 자동차기술을 주도적으로 연구하고 있었다. 사우스캐롤라이나에 위치한 클램슨 대학은 자동차연구소 전용 캠퍼스를 건립하고 동일 지역 내에 많은 기업연구소들을 유치하며 연구소 간의 협력을 용이하게 하고 있었다. 차세대융합기술연구원과 IVP 센터의 역할과 비전이 보다 선명해졌다.

IVP 센터에 대한 윤 원장의 파격적인 지원에도 불구하고 자율주행자동차를 개발하기 위해서는 연구인력, 예산, 안전을 위한 실외 주행시험장이 절실했다. 주로 경기도에서 지원받는 연구원 예산은 다른 센터에 비해 비교적 큰 비중으로 배정을 받았음에도 센터 운영에 있어서는 늘 부족했다.

때마침 경기중소기업종합지원센터(현 경기도경제과학진흥원)로부터 도지사가 참석하는 조찬 포럼에서 IVP 센터의 계획을 발표해 달라는 요청이 왔다. 자동차기술과 IVP 센터의 비전을 소개하며 연구원 옆의 넓은 공터를 간이시험장으로 무상 사용할 수 있도록 경기도의 허락을 받아냈다. 아울러 실제 도로에서 자율주행차를 직접 시험해 볼 수 있는 시범단지를 구축하는 것까지 경기도와 함께 추진하자고 제안하면서 1년 내에 시범단지 내 실제 도로에서 자율주행차가 운행될 수 있도록 하겠다고 약속했다.

자율주행차 개발은 크게 2가지 방향에서 동시에 시작되었다. 전기차 베이스의 자율주행차 AEV(Autonomous Electric Vehicle)와 1인승 자율주행 모빌리티인 SPM(Smart Personal Mobility)이다. AEV는 전기차 플랫폼을 기반으로 실제 도로에서 자율주행이 가능하도록 목표를 정했다. SPM은 실외뿐만 아니라 실내 엘리베이터도 스스로 찾아가며 건물을 오르내릴 수 있도록 하는 중증 장애인과 초고령 사회 대비용 개인 운송수단 개발을 목표로 했다.

    AEV는 경형 전기승용차 플랫폼을 이용한 자율주행차 개발로 센터의 비전과 추진계획이 확정된 2012년 10월부터 서둘러 진행했다. 중고 내연기관차를 급하게 구해 자율주행 시스템 구성과 소프트웨어 개발을 진행시킨 후 이를 전기차 플랫폼에 이식하는 방식을 택했다. 자동차 실험실과 급하게 조성된 실외 간이시험장에서 안전성을 충분히 확인한 AEV는 광교 테크노밸리의 구내도로를 대상으로 자율주행 시험에 들어갔다. 2013년 6월에 실시한 AEV 시연회를 시작으로 연구원을 찾는 많은 손님들이 테크노밸리를 일주하는 2가지의 자율주행 코스를 경험할 수 있게 되었다.

    한편에서는 전동 휠체어를 구입하여 SPM 플랫폼을 위한 개조 작업에 들어갔다. 구입해 놓은 전동 휠체어를 보며 스티븐 호킹 박사의 모습도 떠올랐다. 온몸을 전혀 움직일 수 없어 전동 휠체어도 사용하지 못하는 호킹 박사에게 IVP 센터가 개발하려는 SPM이 정말 유용하지 않을까 하는 생각이 들었다. 목적지만 명령하면 주변 어느 곳이나 스스로 찾아갈 수 있을 테니 말이다.

    전동 휠체어로 시작한 자율주행 모빌리티는 문제가 있었다. 뒷바퀴의 좌우 회전 차이를 이용한 조향으로 앞바퀴는 보조 바퀴 형태의 '캐스터 휠'이다. 사무실 문을 통과할 때 벽에 부딪치는 일이

빈번해 정확한 조향이 필요한 자율주행 모빌리티로서는 적합하지 않았다. 만도기계 부사장과 국민대에도 재임했던 김병우 교수가 IVP 센터에 도움을 주곤 했는데, 아이디어를 내서 구(球) 형태의 앞바퀴를 만들어와 바꿔보아도 문제는 여전했다. 전륜 조향으로 플랫폼을 전면 수정할 필요가 있었다. 지체 없이 엘리베이터의 공간을 고려한 작은 크기의 전동스쿠터로 플랫폼을 변경하여 근본적인 문제를 해결하고 소프트웨어 플랫폼 개발에 전념했다.

SPM의 스타일링은 상용화를 염두에 두고 국내와 일본 각각 한 곳씩 전문업체에 맡겼다. 곧바로 30여 가지 아이디어 스케치가 연구원에 도착했다. 윤 원장 및 본부장들과 연구원 직원들이 참여한 품평회를 통해 선정된 스타일링 안으로 내부적으로 진행되고 있던 섀시 플랫폼에 맞춰 구체적인 스타일링 요구도가 제시되며 모델 제작에 들어갔다. 루프가 없는 조금은 단순한 형태라서 그런지 나의 재촉에 석 달도 채 되지 않아 실내외에서 운행 가능한 프로토타입 모델이 완성되었다.

그사이 별도의 플랫폼만으로 제작된 메카프로토(mechanical prototype) SPM을 가지고 센터가 위치한 15층 복도와 엘리베이터를 통해 2층 복도까지 오가는 자율주행 알고리즘이 완성되어 갔다. SPM 모델로 이식된 자율주행 모빌리티는 목적지까지 스스로 찾아갈 수 있을 뿐만 아니라, 보호자와 같은 특정 사람을 따라가는 추종 기능과 여러 대의 SPM이 군집하여 자율주행하는 기능까지 추가되었다. 다양한 분야에서 활용 가능할 듯해 보였고, 초기에 생각났던 전신마비의 스티븐 호킹 박사도 SPM 승차를 통해 이동의 자유로움을 누리기에 충분하리라 생각되었다. 하지만 2018년 이른 봄, 그가 평생을 바쳐 연구했던 우주를 향해 기나긴 여행을 시작했다는 안타까운 뉴스를 접했다.

2015년 11월, 연구원 16층 대회의실에서 경기도지사가 참석한 가운데 '자율주행자동차 도입을 위한 Next 판교 추진 방향 제안'을 발표했다. 당시 경기도 판교에서는 제2테크노밸리 개발이 한창 진행되고 있던 때여서, 기존 테크노밸리와 새롭게 개발되는 제2테크노밸리를 이어주는 자율주행 BRT(Bus Rapid Transit)와 PRT(Personal Rapid Transit)로 스마트 도시를 구축하자고 제안했다.

먼저 IVP 센터와 AEV, SPM의 개발 실적을 소개하고 센터의 최종 비전으로 수립되었던 '자율주행 스마트시티의 실현'에 대한 추진방안이 검토되어 제시되었다. 이와 함께 해외 자율주행차 연구 사례와 미국 자율주행차 실험도시인 M-시티, UAE의 마스다르 시티 등과 같은 미래 스마트 도시를 소개하며 그 가능성을 설명했다. 곧바로 경기도지사는 센터 연구원을 동반하고 마스다르 시티를 직접 방문하여 실태를 파악하고 돌아와 판교제로시티 자율주행 실증단지 구축을 추진하게 되었다.

끊임없이 진화하는 포니처럼 영원히 꿈꾸고 배우기를 소망했던 내 노트는 자율주행차 덕분에 더 두꺼워졌다. 자동차도, 나도, 진화는 이제부터라는 새로운 마음가짐으로 임하다 보니 턱없이 부족한 수의 연구원들과 함께하면서도 마치 혈기 왕성했던 초보 엔지니어 시절 같은 설렘으로 미래 기술에 푹 빠질 수 있는 행운의 IVP 센터였다. 우리나라 최초의 고유모델 포니의 개발과 함께 시작된 나의 오랜 자동차 여정을 자유와 배려가 공존하는 미래 모빌리티 패러다임의 출발선상에서 좀 더 의미 있게 마무리할 수 있어 그동안 함께했던 많은 이들을 떠올리며 감사한 마음을 갖는다.

한국자동차공학한림원

한 분야에서 일가를 이루며 원로라 불리게 되는 이들은 단순히 직업적 성취를 이룬 자만을 뜻하지 않는다. 그들의 진정한 가치는 앞이 보이지 않는 전인미답의 길을 개척하며 얻은 남다른 지식과 경험을 다음 세대와 공유하는 데서 더 빛이 난다. 나아가 창의적이고 호기심 많은 젊은이들이 보다 혁신적인 사고와 해법으로 새로운 미래를 개척하는 항해자로 성장할 수 있는 환경을 만들어주는 데 책임감을 가져야 한다.

2014년 6월, 14명의 발기인들을 모아 한국자동차공학회 산하 단체인 시니어아카데미의 창립총회를 개최했다. 한국의 자동차 산업이 어느덧 세계 5위를 넘어 3대 강국의 자리까지 넘보고 한국자동차공학회 회원도 무려 3만 명을 넘어서고 있는 만큼, 이제 자동차공학 분야의 원로들 역시 보다 적극적인 활동에 나서야 할 때라는 생각이 들었다. 발기인으로는 한동철, 김병우, 김재만, 박경석, 김중희, 유기준, 이언구, 이현순, 정용일, 정태용, 박홍석, 차경옥 등 학계와 산업계의 자동차공학 전문가들이 두루 참여했고 이들의 만장일치로 내가 초대 회장에 추대됐다.

시니어 아카데미에 모인 자동차 공학 원로들은 한국의 자동차 산업과 미래의 자동차 공학인들을 위해 무슨 일들을 해나갈지 논의를 거듭하며 차츰 단순한 학술단체로만 남아서는 안 된다는 데 생각이 미치기 시작했다. 그간 한국공학한림원 내에 몇몇 자동차 공학인들이 가입해 있던 상황에서 벗어나 자동차 부문을 독자적으로 대변하는 기구의 설립이 필요하다는 데 견해가 일치했다.

이에 따라 2016년 2월 더욱 정교하게 정관과 설립취지문을 가다듬어 '한국자동차공학한림원'을 설립했다. 자동차가 기계, 소재, ICT 등 여러 첨단기술의 융합산업인 만큼 어느 부처 산하의 사단법인으로 등록을 하는 것이 좋을지에 대한 논의도 필요했다. 기술적인 측면이 중시되는 한국자동차공학회는 산업자원부에 속해 있지만 자동차공학한림원은 보다 폭넓은 시야로 미래 기술과 정책을 견인해야 하는 만큼 국토교통부 산하 법인으로 결정했다. 이렇게 함으로써 자동차공학회와 상호 보완적인 역할을 할 수 있다는 점도 고려되었다.

자동차공학한림원의 회원들은 가장 먼저 대학생 토크콘서트를 기획했다. 매년 봄과 가을 전국 10여 곳의 대학을 찾아 한국 자동차 산업의 미래인 젊은 대학생들에게 자동차공학도로서 갖춰야 할 기본적 소양과 자세를 전했다. 이와 함께 원로 회원들의 경험과 지식, 자동차에 대한 철학을 망라하는 15개의 강의를 구성해 KAIST와 고려대 기계공학과 대학원생을 대상으로 온-오프라인 강의를 실시했다.

자동차공학한림원의 또 다른 중요한 역할은 원로들의 경험과 지식을 바탕으로 하는 미래 전망과 대안 제시라고 할 수 있다. 이를 위해 자동차 미래기술로 대두되는 전기자동차, 자율주행자동차, 수소연료전지 전기차 등을 주제로 매년 두 차례씩 미래기술 및 정책포럼을 개최하고 백서를 발간하고 있다.

자동차 기술과 산업에 관심 있는 후학들에게 창업의 꿈을 실현시켜 주는 것도 자동차공학한림원의 중요한 사업 중 하나이다. 2017년부터는 자동차공학한림원과 대구광역시가 공동주최하고 있는 대구 국제 미래자동차 엑스포(DIFA)의 일환으로 자동차공학캠프를 주최해 매년 대학생들을 위한 창업캠프를 열고 있다. 한림원 원로들로 구성된 멘토들이 전체 워크샵을 통해 교육과 함께 과제의 진행 방향에 대한 집단 카운셀링을 실시한다. 캠프에 선발된 팀에게는 과제 진행을 위한 재료비를 지원하고 수상 팀에게는 특허출원 지원금도 지급하고 있다.

대구경북 지역에서 시작해 전국 규모의 행사로 확대된 이 창업캠프에서는 그간 문콕 방지, 안전한 차량 승하차를 위한 경고신호, 폐 리튬이온 배터리 재활용 파워뱅크 같은 참신한 아이디어들이 쏟아져 나와 후속 사업화를 위한 특허출원 신청까지 모두 완료가 됐다. 나아가 2017년 제1기 창업캠프에 참여한 학생이 자율주행 관련 벤처기업을 창업해 자동차공학한림원이 개최하는 2022년 창업캠프의 전시기업으로 참여하며 각계의 주목을 받았다.

자동차공학한림원 회원들의 폭넓은 국내외 네트워크와 자문이 성공적인 개최의 밑거름이 된 대구 국제 미래자동차 엑스포는 성공적인 행사가 거듭되며 국토교통부, 산업통상자원부, 환경부, 중소벤처기업부, 과학기술정보통신부 등이 후원하는 국가적 행사로 격상돼 2022년부터 대한민국 미래모빌리티 엑스포라는 새로운 이름으로 개최되고 있다.

자동차공학한림원은 요즘 유치원과 초등학교 저학년 학생 등 자라나는 미래 세대들에게 자동차에 대한 꿈을 심는 데도 열심이다. 2018년부터 창업육성 전문기업인 오이씨랩과 함께 키즈 앙트너십 캠프를 개최해 다양한 이야기와 만들기, 그리기 등의 프로그램도 진행하고 있다.

현재 자동차공학한림원은 제2대 한동철 회장에 이어 박경석 제3대 회장이 이끌어가고 있다. 출범 초부터 사무총장으로 봉사

해온 김중희 부회장과 이봉환 부회장이 여전히 건실한 운영과 회원 간 활발한 교류의 중심축으로 큰 기여를 하고 있다. 지식과 경험의 나눔은 물론 국제적인 교류의 장을 마련하기 위한 자동차공학한림원 회원들의 노력도 여전하다.

에필로그

새로운 항해자들에게

2023년 여름. 길었던 내 자동차 여정의 첫 기항지 이탈리아를 다시 찾았다. 조르제토 주지아로와도 꼬모 호숫가에서 재회했다. 달라진 서로의 모습을 신기해하기도 하고 49년 전의 좌충우돌 젊은 시절을 떠올리며 함께 웃음을 터뜨렸다.

그런 우리 앞에는 역사 속으로 사라졌던 포니 쿠페의 복원 모델이 전시되고 있었다. 1974년 토리노 모터쇼에서 나를 가슴 뛰게 했던 그 모습 그대로 반세기만에 다시 돌아온 포니 쿠페를 바라보며 무언가 이제야 한 매듭이 지어졌다는 느낌이 들었다. 동시에 이제 한국 자동차 산업 앞에 또 다른 미지의 시대가 열리고 있음을 직감했다. 포니라는 과거 속에서 현대자동차의 새로운 미래를 찾고 있는 정의선 회장과 후배들의 온고이지신(溫故而知新)을 생각하며 나 역시 일신우일신(日新又日新), 내게 주어진 내일을 향해 다시 한 번 신발 끈을 바짝 묶는다.

영원히 살 것처럼 꿈꾸고 오늘 죽을 것처럼 살라고 했다. 나의 하루는 여전히 지치지 않는 호기심을 충족시킬 온갖 스케줄로 가득하다. 사진, 악기, 포토샵, 예술사, 명상, 다도, 명리학, 외국어, 코칭 수업, 골프, 스키, 볼링, 수영, 자전거, 여행계획…. 하지만 그 수많은 도전과 경험도 결국 늘 자동차라는 필생의 업으로 귀결되는 것을 깨달으며 내게 천직을 선물해준 신과 부모에게 감사할 수밖에 없다.

더 굉장했던 것은 프랭크 시나트라의 노래 가사처럼 I did it my way, 내 스스로의 방식대로 살 수 있었다는 행운이다. 후회도 있고 과욕도 있었으며 내 고집과 완벽주의에 상처 입은 이들도 더러 있었을 것이다. 하지만 한 치의 예외 없이 늘 정의가 아닌 것과 정면으로 맞서고 극복을 위해 최선을 다했기에 오늘 나와 모두 앞에서 이렇게 당당히 내 삶을 펼쳐 보이겠다는 용기를 낼 수 있게 된 것이리라 믿는다.

그 복잡다단했던 삶의 한복판에서 평생 나를 고지식하지만 용기 있는 엔지니어로 살 수 있도록 지켜준 나침반을 소개하며 길었던 모험담의 마침표를 찍으려 한다.

"엔지니어의 첫 번째 덕목은 자신이 아는 것과 모르는 것을
분명히 구분해 말하는 것이다.
'모르는 것을 모른다'고 누구 앞에서나 용기 있게 말할 수 있어야 한다.

자신의 실수를 변명하지 말고 가장 빠른 방법으로
상하와 주변에 알려야 한다.
그래야 집단지성을 통해 문제 해결도 쉬워지고 사회 손실이 줄어든다.

세상에 완벽한 설계란 없다.
어디에든 항상 개선의 여지가 있다는 사실을 인정하고
꾸준히 개선점을 찾아야 한다.

엔지니어의 마지막 결심에는 대단한 용기가 필요하다.
무슨 일이든 당시에 최선이라고 생각하는 솔루션을 담아내는
실천을 해야 한다.

마지막으로 엔지니어는 외로운 길을 숙명으로 받아들여야 한다.
그 힘들고 고통스런 과정이 결국 누군가의 삶의 질을 높인다는 것을
깨닫고 보람을 느낄 때 진정한 한 사람의 행복한 엔지니어가 완성된다."

이충구의
포니 오디세이
PONY ODYSSEY

1판 1쇄 발행	2023년 10월 4일
1판 2쇄 발행	2023년 12월 4일
지은이	이충구
발행인	조수현
편집	남기은
디자인	임지숙
인쇄	교학사
발행처	스토리움
출판신고	2019년 3월 15일 제2019-000012호
주소	대전시 유성구 노은로 426번길 66, 1호
전화	0502-1902-2770
팩스	050-4266-8873
이메일	storium21@naver.com

ⓒ 이충구 2023
ISBN 979-11-981810-0-8
책값은 뒤표지에 있습니다.

이 책은 저작권법에 따라 보호를 받는 저작물이므로 무단 전재 및 복제를 금합니다.
이 도서의 국립중앙도서관 출판예정도서목록(CIP)은 서지정보유통지원시스템
홈페이지(seoji.nl.go.kr)와 국가자료공동목록시스템(www.nl.go.kr/kolosnet)에서
이용하실 수 있습니다.

좋은 독자가 좋은 책을 만듭니다.
스토리움은 독자 여러분의 의견에 항상 귀 기울이고 있습니다.
이 책에 소개한 내용에 대해 의견이 있으신 독자께서는
발행인 메일(storium21@naver.com)로 문의해주시기 바랍니다.

Pony Odyssey
by Chungoo Lee
copyright ⓒ 2023 by Chung-goo Lee
Published by STORIUM
Printed in KOREA

이충구의
포니 오디세이
PONY ODYSSEY